UMBERTO

ECO

confissões de um jovem romancista

UMBERTO ECO

confissões de um jovem romancista

TRADUÇÃO DE CLÓVIS MARQUES

1ª edição

EDITORA RECORD
RIO DE JANEIRO • SÃO PAULO
2018

CIP-BRASIL. CATALOGAÇÃO NA PUBLICAÇÃO
SINDICATO NACIONAL DOS EDITORES DE LIVROS, RJ

Eco, Umberto
E22c Confissões de um jovem romancista / Umberto Eco; tradução de Clóvis Marques. - 1ª ed. - Rio de Janeiro: Record, 2018.

Tradução de: Confessions of a young novelist
Inclui índice
ISBN 978-85-01-11279-8

1. Eco, Umberto, 1932-2016, Autoria. 2. Palestras e conferências. 3. Romancistas italianos. I. Marques, Clóvis. II. Título.

CDD: 853
17-46934 CDU: 821.131.3-3

Título original em inglês: Confessions of a young novelist

Texto revisado segundo o novo Acordo Ortográfico da Língua Portuguesa.

Direitos exclusivos de publicação em língua portuguesa para o Brasil
adquiridos pela
EDITORA RECORD LTDA.
Rua Argentina, 171 - 20921-380 - Rio de Janeiro, RJ - Tel.: (21) 2585-2000,
que se reserva a propriedade literária desta tradução.

Impresso no Brasil

ISBN 978-85-01-11279-8

Sumário

1

Escrevendo da esquerda para a direita

Estas conferências intitulam-se *Confissões de um jovem romancista* — e caberia perguntar por que, já que me encaminho para meu 77º ano. Acontece que publiquei meu primeiro romance, *O nome da rosa*, em 1980, o que significa que comecei minha carreira de romancista há apenas 28 anos. Assim, considero-me um romancista muito jovem e certamente promissor, que até agora publicou apenas cinco romances e publicará muitos outros nos próximos cinquenta anos. Esta obra em andamento ainda não foi concluída (caso contrário não estaria em andamento), mas espero já ter reunido experiência suficiente para dizer algumas palavras sobre a maneira como escrevo. Em sintonia com o espírito das Palestras Richard Ellmann, devo me concentrar em minha ficção, e não em meus ensaios, embora me considere um acadêmico por profissão, e um romancista apenas amador.

Comecei a escrever romances na infância. A primeira coisa que eu providenciava era o título, em geral inspirado pelos livros de aventuras da época, bem no gênero *Piratas do Caribe*. Logo desenhava todas as ilustrações, e em seguida iniciava o primeiro capítulo. Mas como sempre escrevia em letras maiúsculas, imitando os livros impressos, ficava exausto depois de algumas poucas páginas e desistia. Cada uma das minhas obras era, assim, uma obra-prima inacabada, como a *Sinfonia inacabada* de Schubert.

Aos 16 anos, naturalmente, comecei a escrever poemas, como qualquer outro adolescente. Não me recordo se foi a necessidade da poesia que provocou o surgimento do meu primeiro (platônico e não declarado) amor ou vice-versa. Essa mistura foi um desastre. Mas, como escrevi certa vez — ainda que na forma de um paradoxo enunciado por um dos meus personagens fictícios —, há dois tipos de poetas: os bons, que queimam seus poemas aos 18 anos, e os maus, que continuam escrevendo poesia até o fim da vida.[1]

O que é escrita criativa?

Ao entrar na casa dos 50, não me senti, como acontece com tantos intelectuais, frustrado com o fato de minha escrita não ser do tipo "criativa".[2]

Nunca entendi por que Homero é considerado um escritor criativo, e Platão, não. Por que um poeta ruim é um escritor criativo, enquanto um bom ensaísta científico não o é?

Em francês, é possível fazer a distinção entre um *écrivain* — alguém que produz textos "criativos", como um romancista ou um poeta — e um *écrivant* — alguém que registra fatos, como um funcionário de banco ou um policial preparando um boletim de ocorrência. Mas que tipo de escritor é o filósofo? Poderíamos dizer que o filósofo é um escritor profissional cujos textos podem ser resumidos ou traduzidos em outras palavras sem perder todo o seu significado, ao passo que os textos de escritores criativos não podem ser plenamente traduzidos ou parafraseados. No entanto, embora certamente seja difícil traduzir poesia e romances, 90% dos leitores do mundo leram *Guerra e paz* ou *Dom Quixote* numa tradução; e acho que um Tolstoi traduzido é mais fiel ao original que qualquer tradução inglesa de Heidegger ou Lacan. Seria Lacan mais "criativo" que Cervantes?

A diferença nem sequer pode ser expressa em termos da função social de determinado texto. Os textos de Galileu certamente são de grande importância filosófica e científica, mas nos colégios de ensino médio italianos são estudados como exemplos de bela escrita criativa — obras-primas de estilo.

Suponha que você é um livreiro e decide colocar os textos supostamente criativos na Sala A e os textos supostamente científicos na Sala B. Por acaso juntaria os ensaios de Einstein com as cartas de Edison a seus patrocinadores e "Oh, Susanna!" com *Hamlet*?

Alguém sugeriu que escritores "não criativos" como Lineu e Darwin queriam transmitir informações verdadeiras sobre baleias ou macacos, ao passo que Melville, ao escrever sobre uma baleia branca, e Burroughs, ao contar sobre Tarzan dos Macacos, apenas *fingiam* afirmar a verdade, mas na realidade inventavam baleias e macacos inexistentes, sem qualquer interesse pelos verdadeiros. Podemos dizer sem dúvida que Melville, ao contar a história de uma baleia inexistente, não tinha intenção de dizer algo verdadeiro sobre a vida e a morte, sobre o orgulho e a obstinação humanos?

É problemático definir como "criativo" um escritor que simplesmente nos diz coisas que são contrárias aos fatos. Ptolomeu disse algo inverídico sobre o movimento da Terra. Deveríamos então afirmar que ele era mais criativo que Kepler?

Na verdade, a diferença está nas maneiras contrastantes com as quais os escritores podem reagir a interpretações de seus textos. Se eu disser a um filósofo, a um cientista, a um crítico de arte: "Você escreveu isto e aquilo", o autor sempre poderá retrucar: "Você entendeu mal meu texto. Eu disse exatamente o oposto." Mas se um crítico apresentasse uma interpretação marxista de *Em busca do tempo perdido* — por exemplo, que no auge da crise da burguesia decadente uma total dedicação à esfera da memória necessariamente isolava o artista da sociedade —, Proust poderia ficar insatisfeito com a interpretação, mas teria dificuldade de refutá-la.

Como veremos numa posterior conferência, escritores criativos — como leitores sensatos do próprio trabalho — certamente têm direito de contestar uma interpretação muito fantasiosa. Mas em geral devem respeitar seus leitores, já que lançaram seu texto ao mundo como uma mensagem numa garrafa, por assim dizer.

Depois de publicar um texto sobre semiótica, dedico meu tempo a reconhecer que estava errado ou a demonstrar que aqueles que não o entenderam da maneira como eu pretendia o estão interpretando mal. Em contraste, depois que publico um romance, sinto em princípio um dever moral de não contestar as interpretações das pessoas (nem de validar nenhuma delas).

Isto acontece — e aqui podemos identificar a verdadeira diferença entre escrita criativa e científica — porque, num ensaio teórico, geralmente queremos demonstrar uma determinada tese ou apresentar uma resposta a um problema específico. Ao passo que num poema ou num romance, queremos representar a vida em toda a sua inconsistência. Queremos evidenciar uma série de contradições, tornando-as evidentes e comoventes. Os escritores criativos pedem que seus leitores experimentem uma solução; não oferecem uma fórmula definitiva (exceto no caso de escritores kitsch e sentimentais, que pretendem oferecer consolo barato). Por isto é que, na época em que fazia palestras sobre meu recém-publicado primeiro romance, eu dizia que às vezes um romancista pode dizer coisas de que um filósofo não é capaz.

Assim, até 1978 eu me sentia plenamente realizado sendo filósofo e semiólogo. Certa vez, escrevi até — com um toque de arrogância platônica — que considerava poetas, e artistas em geral, prisioneiros das próprias mentiras, imitadores de imitações; enquanto, como filósofo, eu tinha acesso ao verdadeiro Mundo das Ideias platônico.

Poderíamos dizer que, à parte a criatividade, muitos intelectuais sentiram o impulso de contar histórias e lamentaram ser incapazes de fazê-lo — e que é por isso que as gavetas de muitos professores universitários estão cheias de romances inéditos ruins. Mas ao longo dos anos eu satisfiz minha paixão secreta pela narrativa de duas maneiras diferentes: primeiro, cultivando com frequência a narração oral, contando histórias aos meus filhos (de modo que fiquei perdido quando cresceram e trocaram os contos de fadas pelo rock); e, segundo, fazendo uma narrativa de cada ensaio crítico.

Quando apresentei minha dissertação de doutorado sobre a estética de Tomás de Aquino — um tema muito controvertido, pois naquela época os estudiosos acreditavam que não havia reflexões de natureza estética em sua imensa obra —, um dos examinadores me acusou de uma espécie de "falácia narrativa". Disse que um estudioso maduro, ao empreender uma pesquisa, inevitavelmente avança por tentativa e erro, levantando e rejeitando diferentes hipóteses; no fim da investigação, todas essas tentativas devem ter sido digeridas, e o estudioso deve apresentar apenas as conclusões. Mas que eu, prosseguiu, contei a história da minha pesquisa como se fosse um romance policial. A objeção foi feita de maneira amistosa, e me trouxe a ideia fundamental de que *todos os resultados de uma pesquisa devem ser "narrados" dessa maneira*. Todo livro científico deve ser uma espécie de história de detetive — o relato da busca por um Santo Graal. E acho que fiz isso em todos os meus trabalhos acadêmicos posteriores.

Era uma vez

No início de 1978, uma amiga que trabalhava para uma pequena editora me disse que estava convidando escritores de não ficção (filósofos, sociólogos, políticos e assim por diante) a escrever um conto policial. Pelos motivos que já mencionei, respondi que não estava interessado em escrita criativa, e que estava convencido de que era absolutamente incapaz de escrever bons diálogos. Concluí (não sei por que) dizendo de maneira provocadora que, se tivesse de escrever um romance policial, ele teria pelo menos quinhentas páginas e se passaria num mosteiro medieval. Minha amiga disse que não estava buscando uma obra canhestra escrita apenas para ganhar dinheiro, e a reunião terminou ali.

Assim que voltei para casa, revirei minhas gavetas e resgatei um rascunho do ano anterior — um pedaço de papel onde anotara alguns nomes de monges. Aquilo significava que, no recanto mais secreto da minha alma, a ideia de um romance já vinha germinando, sem que eu tivesse consciência. Àquela altura, eu me dera conta de que seria interessante envenenar um monge enquanto ele estivesse lendo um livro misterioso, e apenas isso. Então comecei a escrever *O nome da rosa*.

Depois que o livro foi publicado, muitas pessoas me perguntavam por que eu decidira escrever um romance, e os motivos que eu apresentava (que variavam de acordo com meu humor) provavelmente eram todos verdadeiros — o que significa que eram todos falsos. Por fim, percebi que a única resposta correta era que em determinado momento da vida eu senti essa necessidade — e acho que esta é uma explicação suficiente e razoável.

Quando entrevistadores me perguntam "Como você escreveu seus romances?", geralmente interrompo esse tipo de questionamento e respondo: "Da esquerda para a direita." Sei que não é uma resposta satisfatória, e pode gerar certa perplexidade nos países árabes e em Israel. Agora tenho tempo para uma resposta mais detalhada.

No processo de escrita do meu primeiro romance, aprendi algumas coisas. Primeiro, "inspiração" é uma palavra ruim usada por autores manhosos para parecerem artisticamente respeitáveis. Como diz o antigo provérbio, a genialidade é 10% de inspiração e 90% de transpiração. Dizem que o poeta francês Lamartine costumava descrever as circunstâncias em que escrevera um dos seus melhores poemas: alegou ter-lhe vindo prontinho numa súbita revelação, certa noite, quando passeava pelo bosque. Após sua morte, alguém encontrou em seu gabinete uma quantidade impressionante de versões do poema, que fora escrito e reescrito ao longo dos anos.

Os primeiros críticos a se manifestarem sobre *O nome da rosa* disseram que foi escrito ao influxo de uma luminosa inspiração, mas que, em virtude de suas dificuldades conceituais e linguísticas, se destinava apenas a uns poucos privilegiados. Quando o livro obteve notável sucesso, vendendo milhões de exemplares, os mesmos críticos escreveram que, para conceber um best-seller tão popular e interessante, eu sem dúvida tinha seguido mecanicamente uma receita secreta. Mais tarde, disseram que a chave para o sucesso do livro era um programa de computador — esquecendo que os primeiros computadores de uso pessoal dotados de softwares viáveis de escrita surgiram apenas no início da década de 1980, quando meu romance já estava impresso. Em 1978-79, só era possível encontrar, mesmo nos Estados Unidos, pequenos computadores baratos fabricados pela Tandy, e a ninguém ocorreria usá-los para escrever algo além de uma carta.

Algum tempo depois, um pouco chateado com essas alegações, formulei a verdadeira receita para escrever um best-seller feito pelo computador:

> Antes de mais nada você precisa de um computador, obviamente, que é uma máquina inteligente que pensa por você. Seria uma vantagem definitiva para muitas pessoas. É necessário apenas um programa de algumas linhas;

até uma criança poderia fazer isso. Alimentamos então o computador com o conteúdo de cerca de cem romances, trabalhos científicos, a Bíblia, o Corão e um monte de registros telefônicos (muito úteis para os nomes dos personagens). Digamos, algo em torno de 120 mil páginas. Em seguida, usando outro programa, promovemos uma randomização; em outras palavras, misturamos todos os textos, fazendo alguns ajustes — por exemplo, eliminando todas as letras *e* — para chegar não só a um romance, mas a um lipograma à maneira de Perec. Nessa altura, clicamos em "Imprimir", e, como eliminamos todos os *e*, o resultado terá menos de 120 mil páginas. Depois de lê-las cuidadosamente várias vezes, sublinhando os trechos mais importantes, jogamos tudo no incinerador. E então simplesmente sentamos debaixo de uma árvore, com um pedaço de carvão vegetal e papel de desenho de boa qualidade, e, dando espaço para a mente divagar, escrevemos duas linhas — por exemplo: "A lua está alta no céu/ E o bosque rumoreja." Talvez não surja inicialmente um romance, mas um haicai japonês. No entanto, o importante é começar.[3]

Falando de inspiração vagarosa, precisei de apenas dois anos para escrever *O nome da rosa*, pelo simples motivo de que não tive de fazer qualquer pesquisa sobre a Idade Média. Como já disse, minha dissertação de doutorado versava sobre a estética medieval, e me aprofundei nos estudos sobre a Idade Média. Ao longo dos anos, visitei muitas abadias românicas, catedrais góticas e assim por diante. Quando decidi escrever o romance, foi como se tivesse aberto um grande armário onde vinha acumulando meus arquivos medievais por décadas. Todo o material estava ali à minha disposição, e eu tinha apenas de selecionar aquilo de que precisasse. No caso dos romances seguintes, a situação era diferente (embora, se eu escolhesse determinado tema, era porque já apresentava alguma familiaridade com ele). Por isso meus romances posteriores tomaram muito tempo — oito anos no caso de *O pêndulo de Foucault*, seis nos de *A ilha do dia anterior* e *Baudolino*. Passei apenas quatro anos escrevendo *A misteriosa chama da rainha Loana*, pois tem a ver com minhas leituras infantis nas décadas de 1930 e 1940, e pude usar muito material antigo que tinha em casa, como tirinhas de histórias em quadrinhos, discos, revistas e jornais — em suma, toda a minha coleção de recordações, nostalgia e cultura inútil.

Construindo um mundo

O que eu faço nos anos de gestação literária? Reúno documentos; visito lugares e traço mapas; tomo nota da planta de prédios, ou talvez de um navio, como no caso de *A ilha do dia anterior*; e faço esboços do rosto dos personagens. Para *O nome da rosa*, fiz retratos de todos os monges sobre os quais escrevia. Passo esses anos preparatórios numa espécie de castelo encantado — ou, se preferirem, num estado de recolhimento autístico. Ninguém sabe o que estou fazendo, nem os membros da minha família. Dou a impressão de estar fazendo muitas coisas diferentes, mas estou sempre focado em capturar ideias, imagens e palavras para minha história. Escrevendo sobre a Idade Média, se vejo um carro passando na rua e fico talvez impressionado com sua cor, registro a experiência no meu caderno de anotações ou simplesmente na mente, e essa cor mais tarde desempenhará um papel na descrição, por exemplo, de uma miniatura.

Quando planejava *O pêndulo de Foucault*, eu passava noite após noite, até a hora do fechamento, caminhando pelos corredores do Conservatoire des Arts et Métiers, onde transcorriam alguns dos principais acontecimentos da história. Para descrever a caminhada noturna de Casaubon por Paris, do Conservatoire à Place des Vosges e seguindo até a Torre Eiffel, passei várias noites percorrendo a cidade entre duas e três da manhã, ditando num gravador de bolso tudo que conseguia ver, para não me equivocar com os nomes de ruas e cruzamentos.

Ao me preparar para escrever *A ilha do dia anterior*, fui naturalmente aos mares do Sul, à exata localização geográfica em que se passa o romance, para ver as cores da água e do céu em diferentes horas do dia, as tonalidades dos peixes e corais. Mas também passei dois ou três anos estudando desenhos e modelos de navios do período, para descobrir o tamanho de uma cabine ou cubículo e como uma pessoa podia deslocar-se de um para outro.

Depois da publicação de *O nome da rosa*, o primeiro diretor de cinema que propôs transformá-lo em filme foi Marco Ferreri. Ele me disse: "Seu livro parece ter sido concebido especificamente para um roteiro de cinema, pois os diálogos têm a duração certa." Inicialmente, não entendi por quê. Até que me lembrei de que, antes de começar a escrever, eu desenhara centenas de labirintos e plantas de abadias, de modo que sabia que tempo seria necessário para dois personagens irem de um lugar a outro conversando. Assim, a disposição física do meu mundo fictício ditava a duração dos diálogos.

Desse modo, aprendi que um romance não é apenas um fenômeno linguístico. Na poesia, é difícil traduzir as palavras porque o que importa é o seu som, assim como seus significados deliberadamente múltiplos, e é a escolha das palavras que determina o conteúdo. Numa narrativa, temos a situação contrária: o *universo* que o autor construiu, os acontecimentos que nele ocorrem é que ditam o ritmo, o estilo e até a escolha das palavras. A narrativa é governada pela regra latina, "*Rem tene, verba sequentur*" — "Prenda-se ao tema e as palavras virão" —, ao passo que na poesia a formulação deve ser mudada para: "Prenda-se às palavras e o tema virá."

A narrativa é, acima de tudo, uma questão cosmológica. Para narrar algo, começamos como uma espécie de demiurgo que cria um mundo — um mundo que deve ser tão preciso quanto possível, para que possamos nos movimentar nele com total confiança.

Sigo esta regra tão rigorosamente que, por exemplo, quando digo em *O pêndulo de Foucault* que as editoras Manuzio e Garamond estão sediadas em dois prédios adjacentes, entre os quais foi construída uma passarela, passei muito tempo traçando várias plantas e calculando como seria essa passarela, e se seriam necessários alguns degraus para compensar a diferença de altura entre os prédios. No romance, menciono brevemente os degraus, e o leitor registra sua existência com naturalidade, creio, sem prestar muita atenção. Mas para mim eles eram cruciais, e, se não os tivesse concebido, eu não teria sido capaz de prosseguir com a história.

Dizem que Luchino Visconti fazia algo semelhante nos seus filmes. Quando havia no roteiro dois personagens falando de uma caixa de joias, ele fazia questão de que a caixa, mesmo que não viesse a ser aberta, contivesse de fato joias autênticas. Caso contrário, os atores teriam atuado com menos convicção.

Os leitores de *O pêndulo de Foucault* não precisam conhecer a exata disposição dos escritórios da editora. Embora a estrutura do mundo de um romance — o cenário dos acontecimentos e dos personagens da história — seja fundamental para o escritor, muitas vezes deve permanecer imprecisa para o leitor. Em *O nome da rosa*, contudo, há uma planta da abadia no início do livro. Trata-se de uma referência travessa a muitos romances policiais antiquados que incluem um mapa da cena do crime (por exemplo, a residência do vigário ou uma casa senhorial), além de uma espécie de marca irônica de realismo, um pouco de "evidência" provando que a abadia realmente existia. Mas eu também queria que meus leitores visualizassem com clareza de que maneira os personagens se moviam pelo mosteiro.

Após a publicação de *A ilha do dia anterior*, meu editor alemão me perguntou se não seria interessante incluir no livro um diagrama com a planta do navio. Eu tinha esse diagrama, e ele havia tomado um bocado de tempo, exatamente como acontecera para o traçado da planta da abadia de *O nome da rosa*. Mas no caso de *A ilha*, eu queria que o leitor ficasse confuso — e também o herói, que não consegue abrir caminho no labirinto de um navio, muitas vezes explorando-o depois de generosas libações alcoólicas. Desse modo, eu precisava confundir meu leitor, ao mesmo tempo mantendo minhas ideias bem claras — e sempre remetendo, como escrevi, a espaços milimetricamente calculados.

Ideias seminais

Outra pergunta feita com frequência: "Que ideia aproximada ou plano detalhado você tem em mente ao começar a escrever?" Só depois do meu terceiro romance me dei plenamente conta de que cada um deles provinha de uma ideia seminal que era pouco mais que uma imagem. No *Pós-escrito a O nome da rosa*, eu disse que começara a escrever esse romance porque "queria envenenar um monge". Na verdade, eu não tinha a menor vontade de envenenar um monge — quer dizer, jamais pensei em envenenar alguém, fosse um monge ou uma pessoa secular. Simplesmente fiquei impressionado com a imagem de um monge envenenado enquanto lia um livro. Talvez estivesse me lembrando de uma experiência que tive aos 16 anos: visitando um mosteiro beneditino (Santa Scolastica, em Subiaco), eu atravessara os claustros medievais e entrara numa biblioteca escura, onde me deparei com a *Acta Sanctorum* aberta sobre um atril. Folheando o enorme volume em profundo silêncio, à débil claridade de alguns raios de luz filtrados pelos vitrais, devo ter sentido algo como uma emoção. Mais de quarenta anos depois, essa emoção emergia do meu inconsciente.

Esta era a imagem seminal. O resto veio aos poucos, no meu esforço para conferir sentido a essa imagem. E veio por si só, gradualmente, à medida que eu explorava velhas fichas de arquivo sobre a Idade Média acumuladas ao longo de 25 anos, e que se destinavam a princípio a uma finalidade completamente diferente.

No caso de *O pêndulo de Foucault*, as coisas foram mais complicadas. Depois de escrever *O nome da rosa*, eu tinha a sensação de ter posto no meu primeiro romance (talvez o último) tudo que, mesmo indiretamente, poderia dizer a meu próprio respeito. Haveria algo mais verdadeiramente meu sobre o qual eu pudesse escrever? Duas imagens me vieram à mente.

A primeira foi o pêndulo de Léon Foucault, que eu vira trinta anos antes em Paris e me causara enorme impacto — outra emoção há muito soterrada nas profundezas da minha alma. A segunda imagem foi uma de mim mesmo tocando trompete no enterro de integrantes da Resistência italiana. Uma história verdadeira que eu não me cansava de contar, pois a achava linda — e também porque, mais tarde, ao ler Joyce, percebi que havia vivenciado o que ele chama (em *Stephen Herói*) de epifania.

Assim, decidi contar uma história começando com o pêndulo e acabando com um pequeno trompetista num cemitério numa manhã ensolarada. Mas como ir do pêndulo ao trompete? A resposta a esta pergunta tomou-me oito anos, e a resposta foi o romance.

Com *A ilha do dia anterior*, comecei a partir de uma pergunta feita por um jornalista francês: "Por que você descreve tão bem os espaços?" Eu nunca tinha prestado atenção à maneira como descrevia os espaços, mas ao refletir sobre essa pergunta percebi o que já disse — a saber, que quando concebemos cada detalhe de um mundo, sabemos como descrevê-lo em termos de espaço, pois o temos diante dos olhos. Havia um gênero literário clássico chamado *ekphrasis*, que consistia em descrever determinada imagem (uma pintura ou uma estátua) tão cuidadosamente que até mesmo quem nunca tivesse posto os olhos nela poderia vê-la como se estivesse à sua frente. Como escreveu Joseph Addison em *The Pleasures of the Imagination* [Os prazeres da imaginação] (1712), "as palavras, se bem escolhidas, trazem em si uma Força tão grande que uma Descrição muitas vezes nos dá Ideias mais vívidas que a Visão das Coisas em si mesmas". Dizem que quando o *Laocoonte* foi descoberto em Roma em 1506, as pessoas o reconheceram como a famosa estátua grega por causa da descrição verbal fornecida por Plínio, o Velho, em sua *História Natural*.

Por que, então, não contar uma história na qual o espaço desempenhasse um papel importante? Além disso (disse a mim mesmo), nos meus dois primeiros romances eu tinha falado demais de mosteiros e museus — ou seja, de espaços culturais fechados. Precisava agora tentar escrever sobre espaços abertos e naturais. E como poderia preencher um romance com enormes espaços — a natureza e nada mais? Colocando meu herói numa ilha deserta.

Ao mesmo tempo, eu ficava intrigado com aqueles relógios mundiais que dão a hora local de cada ponto do globo e exibem um sinal indicando a Linha Internacional de Data, no 180º meridiano. Todo mundo sabe que essa linha existe, pois todo mundo leu *A volta ao mundo em oitenta dias*, de Júlio Verne, mas raramente pensamos nela.

Pois bem, meu protagonista tinha de estar a oeste dessa linha e ver uma ilha a leste, onde era um dia mais cedo. Não podia ter naufragado na ilha propriamente dita, mas apenas à vista dela, e não podia saber nadar, para ser obrigado a ficar contemplando a ilha distante dele no espaço e no tempo.

Meu relógio mostrava que esse fatídico ponto ficava nas ilhas Aleutas, mas eu não sabia como podia fazer para que um personagem fosse parar lá. E se meu herói fosse dar numa plataforma de petróleo? Eu disse acima que, quando estou escrevendo sobre um lugar específico, preciso ir até lá, e a ideia de ir a uma região gélida como as Aleutas não me atraía nem um pouco.

Mas, enquanto ponderava sobre o problema e folheava meu atlas, descobri que a Linha de Data também passa pelo arquipélago Fiji. As ilhas do Pacífico Sul estão profundamente associadas a Robert Louis Stevenson. Muitas dessas terras se haviam tornado conhecidas dos europeus no século

XVII; eu conhecia muito bem a cultura barroca — era a época dos Três Mosqueteiros e do cardeal Richelieu. Precisava apenas começar, e o romance acabaria andando com as próprias pernas.

Uma vez que um autor tenha designado um universo narrativo específico, as palavras vêm, e serão aquelas exigidas por esse mundo particular. Por este motivo, o estilo que utilizei em *O nome da rosa* foi o estilo de um cronista medieval: preciso, ingênuo, monótono quando necessário (um humilde monge do século XIV não escreve como Joyce, nem se recorda como Proust). Além disso, como eu supostamente transcrevia de uma tradução oitocentista de um texto medieval, o modelo estilístico era apenas indiretamente o latim dos cronistas medievais da época; o modelo mais imediato era o estilo de seus tradutores modernos.

Em *O pêndulo de Foucault*, entrava em cena uma multiplicidade de línguas: a linguagem educada e arcaizante de Agliè, a retórica fascista pseudo-d'annunziana de Ardenti, a linguagem desencantada e ironicamente literária dos arquivos secretos de Belbo (na verdade pós-moderna em seu uso frenético de citações literárias), o estilo kitsch de Garamond e os diálogos desbocados dos três editores em suas fantasias irresponsáveis, misturando referências eruditas e trocadilhos infames. Essas "trocas de registro" não dependiam de uma simples escolha estilística, sendo determinadas pela natureza do mundo em que ocorriam os acontecimentos e pela psicologia dos personagens.

Em *A ilha do dia anterior*, o período cultural era o fator determinante. Influenciava não só o estilo como a própria estrutura dos diálogos entre o narrador e o personagem, enquanto o leitor é constantemente convocado como testemunha e cúmplice dessa disputa. Esse tipo de opção pela metanarrativa resultava do fato de meus personagens deverem se expressar num estilo barroco, embora eu próprio não o pudesse. Eu devia assim dispor de um narrador de muitos estados de espírito e funções: às vezes ele fica irritado com os excessos verbais dos personagens; outras vezes, é sua vítima; e outras, ainda, modera esses excessos desculpando-se com o leitor.

Até aqui, venho sustentando que (1) meu ponto de partida é uma ideia ou imagem seminal, e (2) a construção do mundo narrativo determina o estilo do romance. Minha quarta incursão na ficção, *Baudolino*, contradiz esses dois princípios. A ideia seminal: durante pelo menos dois anos, eu dispunha de algumas — e quando são muitas as ideias seminais, é sinal de que não são seminais. A certa altura, decidi que meu protagonista seria um menininho nascido em Alexandria, minha cidade natal, fundada no século XII e sitiada por Frederico Barbarossa. Além disso, queria que meu Baudolino fosse filho do lendário Gagliaudo, que, quando Frederico Barbarossa estava para conquistar a cidade, passou-o para trás com um estratagema maldoso, uma mentira, uma trapaça — e se você quiser saber o que foi, leia o livro.

Baudolino foi uma boa oportunidade de voltar à minha querida Idade Média, às minhas raízes pessoais, ao meu fascínio pelas falsificações. Mas não bastava. Eu não sabia como começar, que tipo de estilo usar ou quem era meu verdadeiro herói.

Refleti sobre o fato de que nessa época, na minha região natal, as pessoas não falavam mais latim, usando novos dialetos que de alguma forma se assemelhavam à língua italiana de hoje, que na época engatinhava. Mas não há registros do dialeto falado nessa época no nordeste da Itália. Assim, eu me senti liberado para inventar um idioma popular, uma hipotética língua do vale do Pó no século XII; e acho que funcionou muito bem, pois um amigo que ensina história da língua italiana disse-me que — embora ninguém seja capaz de confirmar ou contestar minha invenção — a linguagem de Baudolino não é improvável.

Essa linguagem, que apresentava não poucos problemas para meus corajosos tradutores, é que me sugeriu a psicologia do meu protagonista, Baudolino, transformando meu quarto romance num contraponto picaresco a *O nome da rosa*. Este era uma história de intelectuais falando em estilo culto, ao passo que *Baudolino* era povoado por camponeses, guerreiros e insolentes goliardos. Desse modo, o estilo que adotei determinou a história que contaria.

Devo reconhecer, contudo, que *Baudolino* também está vinculado a uma primeira e forte imagem. Há muito eu era fascinado por Constantinopla, que nunca havia visitado. Para ter um motivo de conhecer a cidade, eu precisava contar uma história sobre ela e a civilização bizantina. E assim fui a Constantinopla. Explorei sua superfície e as camadas inferiores, e encontrei a imagem inicial para a história: a cidade sendo incendiada pelos cruzados em 1204.

Juntando Constantinopla em chamas, um jovem mentiroso, um imperador germânico e alguns monstros asiáticos, temos um romance. Admito que não parece uma receita muito convincente, mas para mim funcionou.

Devo acrescentar que, pelas aprofundadas leituras sobre a cultura bizantina, descobri Nicetas Coniates, um historiador grego do período, e decidi contar toda a história como um relatório de Baudolino — supostamente um mentiroso — a Nicetas. Também tinha minha estrutura de metanarrativa: uma história na qual não só Nicetas como também o narrador e o leitor nunca têm certeza do que Baudolino está contando.

Restrições

Eu disse anteriormente que, uma vez tendo encontrado a imagem seminal, a história pode caminhar por conta própria. O que é verdade apenas até certo ponto. Para que a história possa avançar, o escritor deve impor certas restrições.

As restrições são fundamentais em qualquer empreendimento artístico. Um pintor que decide usar óleo em vez de têmpera, uma tela em vez de uma parede; um compositor que opta por determinado tom; um poeta que escolhe usar parelhas rimadas ou hendecassílabos em vez de alexandrinos — todos eles estabelecem um sistema de restrições. O mesmo fazem artistas de vanguarda, que parecem evitar restrições; eles simplesmente adotam outras, que passam despercebidas.

Escolher as sete trombetas do Apocalipse como esquema para a sucessão de acontecimentos, como fiz em *O nome da rosa*, é uma restrição. Outra seria situar uma história num momento preciso, pois em determinado período histórico é possível fazer com que certas coisas aconteçam, mas não outras. Foi uma restrição decidir que, em sintonia com as obsessões ocultas de alguns dos meus personagens, *O pêndulo de Foucault* precisava ter exatamente 120 capítulos, e que a história tinha de ser dividida em dez partes, como as Sefirot da Cabala.

Outra restrição, no caso de *O pêndulo de Foucault*, era o fato de os personagens precisarem ter vivido durante os protestos estudantis de 1968.

Mas Belbo vem a redigir seus arquivos no seu computador — que também desempenha um papel formal na história, em certa medida inspirando sua natureza aleatória e combinatória —, de tal maneira que os acontecimentos finais poderiam ocorrer somente no início da década de 1980 e nunca antes, já que os primeiros computadores pessoais com programas de processamento de texto começaram a ser vendidos na Itália em 1982-83. Entretanto, para dar espaço à passagem de tempo entre 1968 e 1983, fui obrigado a mandar meu herói, Casaubon, para outro lugar. Para onde? Minhas lembranças de certos rituais de magia que tinha presenciado levaram-me de volta ao Brasil, onde situei Casaubon por mais de dez anos. Muitos acharam tratar-se de uma digressão excessivamente longa, mas para mim (e para alguns leitores benevolentes) isto era essencial, pois o que acontece no Brasil é uma espécie de premonição alucinatória do que aconteceria aos meus personagens no restante do livro.

Se a IBM ou a Apple tivessem começado a vender bons processadores de texto seis ou sete anos antes, meu romance teria sido diferente. O Brasil não teria entrado na história — o que, do meu ponto de vista, teria sido uma grande perda.

A ilha do dia anterior baseou-se numa série de restrições temporais. Por exemplo, eu queria que o meu herói, Roberto, estivesse em Paris no dia da morte de Richelieu (4 de dezembro de 1642). Era mesmo necessário que Roberto estivesse presente na morte de Richelieu? De modo algum; minha história teria sido a mesma se Roberto não tivesse visto Richelieu na agonia do leito de morte. Além disso, ao adotar essa restrição, eu não tinha qualquer ideia quanto a sua possível função. Apenas queria representar Richelieu à beira da morte. Foi puro sadismo.

Mas essa restrição obrigou-me a solucionar um quebra-cabeça. Roberto precisava chegar a sua ilha em agosto do ano seguinte, pois era o mês em que eu havia visitado as ilhas, e eu só seria capaz de descrever o nascer do sol em céus noturnos naquela estação. Não era impossível que um veleiro pudesse ir da Europa à Melanésia em seis ou sete meses, mas nesse ponto tive de enfrentar uma enorme dificuldade: depois de agosto, alguém teria de encontrar o diário de Roberto no que restava do veleiro que o havia abrigado. Mas o explorador holandês Abel Tasman provavelmente chegou às ilhas Fiji antes de junho — ou seja, antes da chegada de Roberto. O que explica as pistas que inseri no capítulo final, para convencer o leitor de que talvez Tasman tivesse passado duas vezes pelo arquipélago sem registrar a segunda visita em seu diário de bordo (sendo, portanto, o autor e o leitor induzidos a imaginar silêncios, conspirações, ambiguidades), ou de que o capitão Bligh tivesse ancorado na ilha ao fugir do motim do *Bounty* (hipótese mais fascinante, além de uma bela e irônica maneira de fundir dois universos textuais).

Meu romance contempla muitas outras restrições, mas não posso revelar todas elas. Para escrever um romance bem-sucedido, é necessário manter secretas certas receitas.

Quanto a *Baudolino*, já disse que queria começar a história com Constantinopla em chamas, em 1204. Como pretendia fazer com que Baudolino forjasse uma carta de Preste João e participasse da fundação de Alexandria, fui obrigado a fazê-lo nascer por volta de 1142, de tal maneira que em 1204 já tivesse 62 anos. Neste sentido, a história precisava começar pelo fim, com Baudolino relatando suas aventuras passadas numa série de flashbacks. Sem problema.

Mas Baudolino se vê em Constantinopla ao voltar do reino de Preste João. Acontece que a falsa carta do sacerdote foi — em termos históricos — forjada ou disseminada por volta de 1160, e no meu romance Baudolino a escreve para convencer Frederico Barbarossa a avançar na direção desse misterioso reino. Assim, ainda que Baudolino passasse cerca de quinze anos viajando para o reino, lá permanecendo e escapando de milhares de aventuras, não poderia dar início a sua peregrinação antes de 1198 (por outro lado, ficou historicamente demonstrado que Barbarossa só nesse ano avançou para o leste). Que diabos, então, eu botaria Baudolino para fazer entre 1160 e 1190? Por que ele não poderia dar início a sua exploração imediatamente depois de divulgar a carta? Era mais ou menos como a história do computador no *Pêndulo de Foucault*.

Fui obrigado então a mantê-lo ocupado, fazendo-o adiar seguidas vezes a partida. Tive de inventar uma série de acidentes para então chegar ao fim do século. Mas é só assim que o romance gera — não só em Baudolino, mas também nos leitores — a Pontada do Desejo. Baudolino anseia pelo reino, mas precisa adiar constantemente sua busca. De modo que o reino de Preste João cresce como um objeto da aspiração de Baudolino, e também, espero, como objeto do desejo dos leitores. Mais uma vez, as vantagens das restrições.

Dupla codificação

Não faço parte desse bando de maus escritores que afirmam escrever apenas para si mesmos. As únicas coisas que os escritores escrevem para si mesmos são listas de compras, que os ajudam a se lembrar do que comprar, podendo então ser jogadas fora. Tudo mais, inclusive róis de lavanderia, são mensagens destinadas a outra pessoa. Não são monólogos; são diálogos.

Acontece que certos críticos descobriram que meus romances contêm uma típica característica pós-moderna: a dupla codificação.[4]

Desde o início eu sabia — e declarei no *Pós-escrito a O nome da rosa* — que, o que quer que fosse o pós-modernismo, uso pelo menos duas típicas técnicas pós-modernas. Uma é a ironia intertextual: citações diretas de outros textos famosos, ou referências mais ou menos transparentes a eles. A segunda é a metanarrativa: reflexões que o texto faz sobre a própria natureza, quando o autor fala diretamente ao leitor.

A "dupla codificação" é o uso simultâneo de ironia intertextual e um implícito apelo metanarrativo. A expressão foi cunhada pelo arquiteto Charles Jencks, para quem a arquitetura pós-moderna "fala em pelo menos dois níveis simultaneamente: a outros arquitetos e uma minoria especializada que se preocupa com significados especificamente arquitetônicos, e ao público em geral, ou aos habitantes locais, interessados em outras questões que dizem respeito ao conforto, à construção tradicional e ao modo de vida".[5] Ele aprofunda a definição: "A construção ou obra de arte pós-moderna dirige-se simultaneamente a um público minoritário e de elite usando códigos 'cultos' e a um público de massa usando códigos populares."[6]

Permitam-me citar um exemplo de dupla codificação de um dos meus romances. *O nome da rosa* começa contando como o autor encontrou um antigo texto medieval. Trata-se de um flagrante caso de ironia intertextual, pois o *tópos* (ou seja, o lugar-comum literário) do manuscrito redescoberto tem uma origem venerável. A ironia é dupla, e também representa uma sugestão metanarrativa, já que o texto afirma que o manuscrito podia ser encontrado numa tradução oitocentista do manuscrito original — observação que justifica certos elementos do romance neogótico que estão presentes na história. Leitores ingênuos ou populares não são capazes de apreciar a narrativa que se segue, a menos que tenham consciência desse jogo de caixas chinesas, dessa regressão às fontes, que conferem à história uma aura de ambiguidade.

Mas se o leitor se recorda, o título na página que fala da fonte medieval é "Um manuscrito, naturalmente". A palavra "naturalmente" deveria ter um efeito especial em leitores sofisticados, que a essa altura já devem ter-se dado conta de que estão lidando com um *tópos* literário, e de que o autor revela sua "angústia de influência", já que (pelo menos para os leitores italianos) a pretendida referência remete ao maior romancista italiano do século XIX, Alessandro Manzoni, que começa seu livro *Os noivos* alegando usar como fonte um manuscrito do século XVII. Quantos leitores seriam capazes de perceber as ressonâncias irônicas desse "naturalmente"? Não muitos, já que vários deles me escreveram perguntando se o manuscrito realmente existia. Mas se não perceberam a alusão, será que ainda são capazes de apreciar o restante da história e ter acesso ao melhor do seu sabor? Acho que sim. Apenas perderam uma piscadela adicional.

Reconheço que, utilizando essa técnica de dupla codificação, o autor estabelece uma espécie de cumplicidade silenciosa com o leitor sofisticado, e alguns leitores populares, quando não alcançam a alusão cultivada, podem sentir que algo lhes escapa. Mas a literatura, acredito, não se destina exclusivamente a entreter e consolar as pessoas. Também tem como objetivo provocar e inspirar as pessoas a lerem o mesmo texto duas vezes, talvez até várias vezes, por desejarem entendê-lo melhor. Desse modo, considero que a dupla codificação não é um tique aristocrático, mas uma maneira de mostrar respeito pela inteligência e a boa vontade do leitor.

2

O autor, o texto e os intérpretes

De vez em quando um dos meus tradutores me traz a seguinte questão: "Estou perdido em relação à tradução deste trecho, pois é ambíguo. Pode ser lido de duas formas diferentes. Qual era sua intenção?"

Dependendo do caso, tenho três possíveis respostas:

1. É verdade. Optei pela expressão errada. Por favor, elimine qualquer possível mal-entendido. Farei o mesmo na próxima edição italiana.
2. Busquei deliberadamente essa ambiguidade. Se você ler atentamente, verá que essa ambiguidade influencia a maneira como o texto é lido. Por favor, faça o possível para preservar a ambiguidade na tradução.
3. Não me dei conta de que estava sendo ambíguo, e sinceramente não tinha intenção de fazê-lo. Como leitor, contudo, acho essa ambiguidade muito intrigante, e interessante para o desenrolar do texto. Por favor, faça o possível para preservar esse efeito na tradução.

Mas se eu tivesse morrido anos atrás (hipótese que tem muitas chances de se tornar verdadeira até o fim deste século), meu tradutor — agindo como um leitor e intérprete normal do meu texto — poderia ter chegado por conta própria a uma das seguintes conclusões, que na verdade são as mesmas que as minhas possíveis respostas:

1. A ambiguidade não faz o menor sentido e complica a compreensão do texto por parte do leitor. O autor provavelmente não se deu conta disto, de modo que é melhor eliminar a ambiguidade. "Quando que bonus dormitat Homerus" — "Às vezes até o bom Homero cochila".
2. É provável que o autor estivesse sendo intencionalmente ambíguo, e seria bom respeitar sua intenção.
3. É possível que o autor não se tenha dado conta de que estava sendo ambíguo. Mas, do ponto de vista textual, esse efeito de incerteza é rico em conotações e insinuações muito interessantes para a estratégia textual global.

O que eu gostaria de dizer aqui é que aqueles que são considerados escritores "criativos" (e expliquei anteriormente o que essa perniciosa expressão pode significar) jamais deveriam fornecer interpretações da sua própria obra. Um texto é uma máquina preguiçosa que quer que os seus leitores façam parte do seu trabalho — vale dizer, um dispositivo concebido para dar margem a interpretações (conforme escrevi no meu livro *The Role of the Reader* [O papel do leitor]). Quando se está diante de um texto a ser questionado, é irrelevante consultar o autor. Ao mesmo tempo, o leitor não pode simplesmente fazer qualquer interpretação, seguindo apenas sua fantasia, devendo certificar-se de que o texto não só legitima como estimula determinada leitura.

Em *Os limites da interpretação*, faço uma distinção entre a intenção do autor, a intenção do leitor e a intenção do texto.

Em 1962, escrevi *Obra aberta*.[1] Nesse livro, enfatizava o papel ativo do intérprete na leitura dos textos de valor estético. Quando essas páginas foram escritas, meus leitores se concentraram, sobretudo, no aspecto "aberto" da história, subestimando o fato de que a leitura aberta que eu preconizava era uma atividade requerida por determinados tipos de obra (e voltada para a sua interpretação). Em outras palavras, eu estudava a dialética entre os direitos dos textos e os direitos de seus intérpretes. Tenho a impressão de que, nas últimas décadas, os direitos dos intérpretes têm sido superestimados.

Em vários escritos, desenvolvi a ideia de uma semiose ilimitada, formulada inicialmente por C. S. Peirce. Mas o conceito de semiose ilimitada não leva à conclusão de que a interpretação não precisa ter critérios. Antes de tudo, a interpretação ilimitada diz respeito a sistemas, e não a processos.

Esclareço. Um sistema linguístico é um instrumento a partir do qual e pelo qual podem ser geradas infinitas sequências linguísticas. Quando consultamos um dicionário em busca do significado de uma palavra, encontramos definições e sinônimos — isto é, outras palavras — e verificamos o que essas outras palavras podem significar, de maneira que a partir de sua definição possamos evoluir para mais outras ainda, e assim por diante, potencialmente *ad infinitum*. Como disse Joyce em *Finnegans Wake*, um dicionário é um livro escrito para um leitor ideal sofrendo de uma insônia ideal. Um bom dicionário deve ser circular — deve dizer o que a palavra "gato" significa usando diferentes palavras; caso contrário, bastaria fechar o dicionário, apontar para um gato e dizer: "Isto é um gato." Muito fácil, e todos nós muitas vezes recebemos esse tipo de explicação na infância. Mas não é assim que tomamos conhecimento do significado de "dinossauro", "contudo", "Júlio César" e "liberdade".

Em contraste, um texto, na medida em que resulte da manipulação das possibilidades de um sistema, não é aberto da mesma maneira. Quando compomos um texto, reduzimos o leque de possíveis escolhas linguísticas. Se escrevemos: "John está comendo uma...", é forte a probabilidade de que a palavra seguinte seja um substantivo, e de que esse substantivo não seja "escada" (embora em certos contextos pudesse ser "espada"). Ao reduzir a possibilidade de gerar infinitas sequências, um texto também reduz a possibilidade de experimentar certas interpretações. No léxico inglês, o pronome "eu" ainda significa "quem quer que esteja dizendo a frase na qual 'eu' aparece" — e, portanto, de acordo com o conjunto de possibilidades oferecidas pelo dicionário, "eu" pode remeter ao presidente Lincoln, a Osama bin Laden, a Groucho Marx, a Nicole Kidman ou qualquer dos bilhões de indivíduos vivendo no presente, no passado ou no futuro no mundo. Entretanto, numa carta assinada com o meu nome, "eu" significa "Umberto Eco", independentemente das objeções levantadas por Jacques Derrida no famoso debate com John Searle sobre assinatura e contexto.[2]

Dizer que as interpretações de um texto são potencialmente ilimitadas não significa que a interpretação não tenha objeto — nenhuma coisa existente (seja um fato ou um texto) para a qual se voltar. Dizer que um texto pode não ter fim não significa que todo ato de interpretação possa ter um final feliz. Por isto é que, em *Os limites da interpretação*, propus uma espécie de critério de falsificabilidade (inspirado no filósofo Karl Popper): embora possa ser difícil decidir se determinada interpretação é boa, ou qual dentre duas interpretações do mesmo texto é melhor, sempre é possível dizer quando determinada interpretação é flagrantemente equivocada, absurda, forçada.

Algumas teorias contemporâneas da crítica afirmam que a única leitura confiável de um texto é uma leitura equivocada, e que um texto só existe em virtude da cadeia de reações que suscita. Mas essa cadeia de reações representa os infinitos *usos* que podemos fazer de um texto (poderíamos, por exemplo, usar uma Bíblia em vez de uma tora de madeira como combustível na nossa lareira), e não o conjunto de interpretações dependente de conjecturas aceitáveis sobre a intenção desse texto.

Como provar que uma conjectura sobre a intenção de um texto é aceitável? A única maneira é cotejá-la com o texto como um todo coerente. Esta ideia é antiga, e vem de Agostinho (*De Doctrina Christiana*): qualquer interpretação de determinado trecho de um texto pode ser aceitável se for confirmada por outro trecho do mesmo texto (e deverá ser rejeitada se for contestada) nesse cotejo. Neste sentido, a coerência textual interna controla os impulsos de outra forma incontroláveis do leitor.

Darei aqui um exemplo envolvendo um texto que intencional e programaticamente estimula as mais ousadas interpretações — a saber, *Finnegans Wake*. Na década de 1960, ocorreu no jornal *A Wake Newslitter* um debate sobre alusões históricas factuais que pudessem ser identificadas em *Finnegans Wake* — por exemplo, referências à *Anschluss* germano-austríaca e ao Pacto de Munique de setembro de 1938.[3] Para contestar essas interpretações, Nathan Halper assinalou que a palavra *Anschluss* também encerra sentidos cotidianos não políticos (como "conexão" e "inclusão"), e que a leitura política *não era corroborada pelo contexto*. Para mostrar como era fácil encontrar praticamente tudo em *Finnegans Wake*, Halper tomou o exemplo de Béria. Antes de tudo, no início de "The Tale of the Ondt and the Gracehoper", ele encontrou a expressão "*So vi et!*", e achou que poderia estar relacionada à sociedade quase comunista das formigas. Uma página depois, deparou-se com uma alusão a um "*berial*", à primeira vista uma variante de "*burial*" [enterro, em inglês]. Acaso seria uma referência ao ministro soviético Lavrenti Béria? Mas Béria não era conhecido no Ocidente antes de 9 de dezembro de 1938, quando foi nomeado Comissário do Povo para Assuntos Internos (até então, era apenas um funcionário anônimo), e em dezembro de 1938 o manuscrito de Joyce já estava na gráfica. No entanto a palavra "*berial*" estava presente numa versão de 1929 publicada em *transition 12*. A questão parecia ter sido resolvida com base em provas externas — embora certos intérpretes se dispusessem a atribuir a Joyce poderes proféticos e a capacidade de prever a ascensão de Béria. Realmente ridículo — mas entre os fãs de Joyce encontramos coisas ainda mais absurdas.

Mais interessantes são as provas internas, isto é, textuais. Numa edição posterior de *A Wake Newslitter*, Ruth von Phul assinalou que "*so vi et*" também pode ter sido usado como uma forma de "amém" falado por membros de organismos religiosos autoritários; que o contexto geral dessas páginas não era político, mas bíblico; que a Ondt diz: "Tão amplamente quanto o reino de Beppy florescerá, vai florescer o meu reino!"; que "Beppy" é o diminutivo de "Giuseppe", ou José, em italiano; que "*berial*" poderia ser uma alusão oblíqua ao José bíblico (filho de Jacó e Raquel), que foi enterrado figurativamente duas vezes, no poço e na prisão; que José gerou Efraim, que por sua vez gerou Berias (Crônicas 23:10); que o irmão de José, Asher, tinha um filho chamado Berias (Gênesis 45:30); e assim por diante.[4]

Muitas das alusões encontradas por Von Phul sem dúvida são forçadas, mas parece inegável que todas as referências nessas páginas são de natureza bíblica. De modo que também a prova textual exclui Lavrenti Béria da obra joyciana, e Santo Agostinho teria concordado.

Um texto é um dispositivo concebido para gerar seu Leitor Modelo. Esse leitor não é aquele que faz a "única conjectura certa". Um texto pode prever um Leitor Modelo destinado a experimentar infinitas conjecturas. O Leitor Empírico é simplesmente um ator que faz conjecturas sobre o tipo de Leitor Modelo postulado pelo texto. Como a intenção do texto é basicamente gerar um Leitor Modelo capaz de fazer conjecturas a seu respeito, a missão do Leitor Modelo consiste em imaginar um Autor Modelo que não seja o Autor Empírico e, no fim das contas, corresponda à intenção do texto.

Reconhecer a intenção de um texto significa reconhecer uma estratégia semiótica. Às vezes a estratégia semiótica pode ser detectada com base em convenções estilísticas estabelecidas. Se uma história começa com "Era uma vez", tenho bons motivos para presumir que se trata de um conto de fadas e que o já mencionado e postulado Leitor Modelo seja uma criança (ou um adulto louco para reagir num espírito infantil). Naturalmente, pode haver certo tom de ironia, e neste caso o texto subsequente deve ser lido de maneira mais sofisticada. Mas ainda que se possa dizer, no desdobrar do texto, que é assim que deve ser lido, o importante é notar que o texto fingia começar como um conto de fadas.

Quando um texto é enviado para o mundo como uma mensagem numa garrafa — o que não acontece apenas com poesia ou narrativa, mas também com livros como a *Crítica da razão pura*, de Kant —, ou seja, quando um texto não é produzido para um único destinatário, mas para uma comunidade de leitores, o autor sabe que não será interpretado de acordo com suas intenções, mas em função de uma complexa estratégia de interações que também envolve os leitores, além da sua competência na respectiva língua como um tesouro social. Com "tesouro social", não me refiro apenas a determinada língua, abarcando um conjunto de regras gramaticais, mas também a toda a enciclopédia originada pelos desempenhos da língua: as convenções culturais que essa língua gerou e a história das interpretações anteriores de seus muitos textos, inclusive o texto que o leitor está lendo.

O ato de ler deve levar em conta todos esses elementos, embora seja improvável que um único leitor possa dominar todos eles. Desse modo, todo ato de ler é uma complexa transação entre a competência do leitor (o conhecimento do mundo adquirido pelo leitor) e o tipo de competência que determinado texto postula para ser lido de um modo "econômico" — significando uma maneira que aumente a compreensão e o prazer do texto, e que seja corroborada pelo contexto.

O Leitor Modelo de uma história não é o Leitor Empírico. O Leitor Empírico é você, sou eu, qualquer um, quando lemos um texto. Os Leitores Empíricos podem ler de muitas formas, e não há nenhuma lei dizendo como devem ler, pois muitas vezes usam um texto como veículo para suas paixões, que podem vir de fora do texto ou podem ser despertadas pelo texto por acaso.

Vou agora descrever algumas situações divertidas nas quais um de meus leitores agiu como um Leitor Empírico, e não como um Leitor Modelo. Um amigo de infância que não encontrava havia anos me escreveu após a publicação do meu segundo romance, *O pêndulo de Foucault*: "Caro Umberto, não me recordo de lhe ter contado a história patética do meu tio e da minha tia, mas acho que você foi muito indiscreto ao usá-la em seu romance." Bem, no meu livro eu conto alguns episódios envolvendo um certo Tio Charles e uma certa Tia Catherine, que na história são os tios do protagonista, Jacopo Belbo. É verdade que essas pessoas de fato existiram. Com algumas alterações, eu estava contando uma história da minha infância envolvendo um casal de tios meus — mas é claro que eles tinham nomes diferentes dos personagens. Respondi ao meu amigo dizendo que o Tio Charles e a Tia Catherine eram *meus* parentes, e não dele (e, portanto, os direitos autorais eram meus), e que eu nem sequer sabia que ele tivesse um tio ou uma tia. Meu amigo se desculpou: deixara-se envolver tanto pela história que achou que havia identificado certos incidentes ocorridos com seus tios — o que não é impossível, pois em tempo de guerra (o período ao qual remontavam minhas lembranças) coisas semelhantes podem acontecer a diferentes tios e tias.

O que acontecera com meu amigo? Ele buscara na minha história algo que estava, isto sim, na sua lembrança pessoal. Não estava interpretando meu texto, mas *usando-o*. Não é propriamente proibido usar um texto para sonhar acordado, e todos nós o fazemos com frequência — mas não é uma questão pública. Usar um texto dessa maneira significa mover-se nele como se fosse nosso diário íntimo.

O jogo tem certas regras, e o Leitor Modelo é alguém ávido para jogar esse jogo. Meu amigo esqueceu o nome do jogo e sobrepôs suas expectativas de Leitor Empírico às expectativas que o autor esperava de um Leitor Modelo.

No capítulo 115 de *O pêndulo de Foucault*, meu herói, Casaubon, tendo comparecido a uma cerimônia ocultista no Conservatoire des Arts et Métiers, em Paris, caminha na noite de 23 para 24 de junho de 1984 como que possuído, percorrendo toda a rue Saint-Martin, atravessando a rue aux Ours e chegando ao Centre Beaubourg, para então entrar na Igreja de Saint-Merri. Em seguida, prossegue por várias ruas, todas citadas no meu livro, até alcançar a Place des Vosges.

Como disse antes, para escrever esse capítulo eu percorrera esse mesmo caminho várias noites, levando um gravador e fazendo anotações sobre o que via e as impressões que colhia (estou aqui revelando meus métodos de Autor Empírico). Além disso, como dispunha de um programa de computador que me mostrava o aspecto do céu a qualquer momento, em qualquer ano, a qualquer longitude ou latitude, cheguei até a descobrir que a Lua estivera visível nessa noite, e que podia ser vista de pontos específicos em diferentes momentos. Não o fiz porque quisesse imitar o realismo de Emile Zola, mas (como já disse) porque gosto de ter a cena sobre a qual estou escrevendo diante de mim enquanto narro.

Depois de publicar o romance, recebi uma carta de um homem que com toda evidência fora à Biblioteca Nacional ler todos os jornais de 24 de junho de 1984. E ele descobrira que na esquina da rue Réaumur — que eu não tinha mencionado, mas que de fato cruza a rue Saint-Martin a certa altura —, depois da meia-noite, mais ou menos no momento em que Casaubon estava passando, ocorrera um incêndio, por sinal de grandes proporções, já que chegara a ser mencionado nos jornais. O leitor me perguntava como é que Casaubon não o vira.

Respondi que Casaubon certamente vira o incêndio, mas não o mencionara por algum misterioso motivo que eu desconhecia — o que era perfeitamente provável numa história tão cheia de mistérios, verdadeiros e falsos. Meu leitor certamente ainda hoje está tentando descobrir por que Casaubon calou-se a respeito do incêndio, desconfiando de alguma outra conspiração dos Cavaleiros Templários. A verdade é que eu provavelmente não passei por essa esquina à meia-noite, a ela chegando pouco antes do início do incêndio ou pouco depois da sua extinção. Não sei. Sei apenas que o leitor estava usando meu texto para suas próprias finalidades: queria que ele correspondesse, nos mínimos detalhes, ao que acontecera no mundo real.

Vou então contar outra história a respeito dessa mesma noite. A diferença é que, no caso que acabo de mencionar, um leitor detalhista queria que minha história correspondesse ao mundo real, ao passo que no caso que se segue os leitores queriam que o mundo real correspondesse à minha ficção — um caso um pouco diferente e mais gratificante.

Dois alunos da École des Beaux-Arts em Paris vieram mostrar-me um álbum de fotos no qual haviam reconstruído todo o caminho percorrido por Casaubon. Tinham localizado e fotografado todos os lugares por mim mencionados, um a um, à mesma hora da noite. No fim do capítulo 115, Casaubon sai dos esgotos da cidade e entra, pela adega, num bar asiático cheio de clientes suados, barris de cerveja e cusparadas nojentas. Os estudantes encontraram esse bar e tiraram uma foto. Nem é preciso dizer que o bar era invenção minha, embora o tivesse concebido pensando nos muitos pubs dessa área; mas os dois garotos indubitavelmente tinham descoberto o bar descrito no meu livro. Repito: os dois estudantes não tinham sobreposto ao seu dever de Leitores Modelos a preocupação do Leitor Empírico que quer tirar a limpo se o meu romance estava descrevendo uma Paris verdadeira. Eles queriam, isto sim, transformar a Paris "real" num lugar que existia no meu livro. Na verdade, de tudo aquilo que poderiam ter encontrado em Paris, escolheram apenas os aspectos que correspondiam às descrições fornecidas pelo meu texto.

Esse bar existia no meu texto, embora eu achasse que simplesmente o tinha imaginado. Considerando-se sua presença no texto, a intenção do Autor Empírico torna-se irrelevante. Os autores muitas vezes dizem coisas de que não têm consciência; só depois de tomar conhecimento das reações dos leitores é que descobrem o que disseram.

Há, contudo, um caso em que pode ser esclarecedor examinar as intenções do Autor Empírico. É quando o autor ainda está vivo, os críticos apresentaram suas interpretações do texto e se pode perguntar ao autor até que ponto ele ou ela, como pessoa empírica, tinha consciência das muitas interpretações que o texto comportava. Nessa altura, a resposta do autor não deve ser usada para validar as interpretações do texto, mas para mostrar as discrepâncias entre sua intenção e a intenção do texto. O objetivo da experiência é teórico, e não crítico.

Por fim, há o caso em que o autor também é um teórico textual. Neste caso, o autor pode reagir de duas maneiras diferentes. A resposta poderia ser:

"Não quis dizer isto, mas devo reconhecer que o texto o diz, e agradeço ao leitor trazê-lo ao meu conhecimento." Ou então: "Independentemente do fato de eu não ter querido dizer isto, acho que um leitor sensato não deveria aceitar uma interpretação assim, por não ser econômica."

Vou agora descrever alguns casos em que, como Autor Empírico, tive de me render ante um leitor que se aferrava à intenção do meu texto.

No *Pós-escrito a O nome da rosa*, eu disse que tinha uma sensação de satisfação quando lia uma resenha que citava uma observação feita por Guilherme no fim do julgamento, no capítulo "Quinto dia, Noa": "O que vos aterroriza mais na pureza?", pergunta Adso. E Guilherme responde: "A pressa." Eu gostava muito, e ainda gosto, desse diálogo. Até que um dos meus leitores assinalou que na mesma página Bernardo Gui, ameaçando de tortura o despenseiro, diz: "A justiça não é movida pela pressa, como acreditavam os pseudoapóstolos, e a de Deus tem séculos à disposição."* O leitor perguntava-me, com razão, que ligação eu pretendera estabelecer entre a pressa temida por Guilherme e a ausência de pressa exaltada por Bernardo. Não fui capaz de responder.

Na verdade, a conversa entre Adso e Guilherme não consta do manuscrito original; acrescentei esse breve diálogo nas revisões porque, por motivos de equilíbrio e ritmo, precisava inserir mais algumas linhas antes de dar novamente a palavra a Bernardo. E esqueci completamente que, pouco depois, Bernardo fala de pressa. Ele se vale de uma expressão estereotipada, o tipo da coisa que poderíamos esperar de um juiz — um lugar-comum mais ou menos na base de "todos são iguais perante a lei". Infelizmente, justaposta à pressa mencionada por Guilherme, a pressa mencionada por Bernardo dá a impressão de que ele está dizendo algo substantivo, e não uma frase feita; e o leitor tem razão de se perguntar se os dois estão dizendo a mesma coisa, ou se a aversão à pressa expressada por Guilherme não é imperceptivelmente diferente da aversão à pressa expressada por Bernardo. O texto está aí, e gera seus próprios efeitos. Quisesse eu ou não que assim fosse, estamos agora

---

* Umberto Eco, *O nome da rosa*. Trad. de Aurora Fornoni Bernardini e Homero Freitas de Andrade. Rio de Janeiro: Record, 2013, p. 413. (*N. do E.*)

diante de uma questão, uma provocante ambiguidade — e eu mesmo não sei como resolver esse conflito, embora perceba que há aí algum significado (talvez até muitos significados).

Um autor que deu a seu livro o título de *O nome da rosa* deve estar preparado para se deparar com múltiplas interpretações desse título. Como Autor Empírico, escrevi (no *Pós-escrito*) que escolhera esse título precisamente para deixar o leitor livre: "A rosa é uma figura simbólica tão densa de significados que quase não tem mais nenhum: a rosa mística de Dante, 'e rosa ela viveu o que vivem as rosas', a Guerra das Duas Rosas, 'uma rosa é uma rosa é uma rosa', os rosa-cruzes, grato pelas magníficas rosas, rosa fresca olentíssima."* Além disso, um estudioso descobriu que, de alguns manuscritos iniciais do *De Contemptu Mundi*, de Bernard de Morlay — ao qual tomei de empréstimo o hexâmetro que encerra meu romance: "Stat rosa pristina nomine, nomina nuda tenemus" ("A rosa de tempos atrás sobrevive apenas no nome; os nomes são tudo que temos") —, consta "Stat *Roma* pristina nomine", o que afinal parece mais coerente com o restante do poema e suas alusões à Babilônia perdida.[5] De modo que, se eu me tivesse deparado com outra versão do poema de Morlay, o título do meu romance poderia ter sido *O nome de Roma* (e teria adquirido um teor fascista).

Mas o título de fato é *O nome da rosa*, e hoje entendo como foi difícil conter a infinita série de conotações que a palavra "rosa" comporta. É possível que eu tenha pretendido multiplicar de tal maneira as possíveis leituras que qualquer uma delas se tornava irrelevante, e em consequência gerei uma vasta e inevitável série de interpretações. Mas o texto agora pertence ao mundo, e o Autor Empírico tem que permanecer em silêncio.

Quando dei a um dos principais personagens de *O pêndulo de Foucault* o nome de "Casaubon", estava pensando em Isaac Casaubon, que demonstrou em 1614 que o *Corpus Hermeticum* era uma falsificação; e quem ler *O pêndulo de Foucault* encontrará alguns paralelos entre o que o grande filólogo entendeu e o que o meu personagem finalmente vem a entender. Eu sabia

* Ibidem, pp. 530-31. (*N. do E.*)

que poucos leitores perceberiam a alusão, mas também sabia que, em termos de estratégia textual, essa informação não era indispensável. (Quero dizer que é possível ler meu romance e entender meu Casaubon sem nada saber do Casaubon histórico. Muitos escritores gostam de colocar certas senhas em seus textos, pensando em alguns poucos leitores experientes.) Antes de concluir o romance, descobri por acaso que Casaubon também era personagem de *Middlemarch*, de George Eliot, romance que eu lera décadas antes, mas esquecera. Foi um caso no qual, como Autor Modelo, tentei eliminar uma possível referência a George Eliot. No capítulo 10, a tradução contém o seguinte diálogo entre Belbo e Casaubon:

> — A propósito, como é seu nome?
>
> — Casaubon.
>
> — Não era um personagem de *Middlemarch*?
>
> — Não sei. Em todo caso era também um filólogo do Renascimento, se não me engano. Mas não somos parentes.*

Fiz o possível para evitar o que seria para mim uma referência inútil a Mary Ann Evans. Até que um leitor arguto, David Robey, observou que o Casaubon de Eliot escrevia um livro intitulado *A chave de todas as mitologias*. Como Leitor Modelo, senti-me na obrigação de aceitar essa associação. O texto mais um conhecimento enciclopédico dá a qualquer leitor culto o direito de encontrar essa conexão. Faz sentido. Pior para o Autor Empírico que não é tão inteligente quanto seus leitores.

Da mesma forma, meu romance é intitulado *O pêndulo de Foucault* porque o pêndulo de que fala foi inventado por Léon Foucault. Se o dispositivo tivesse sido inventado por Benjamin Franklin, o título teria sido *O pêndulo de Franklin*. Dessa vez, desde o início eu tinha consciência de que alguém poderia farejar uma alusão a Michel Foucault: meus personagens são obcecados com analogias, e Foucault escreveu sobre o paradigma da similaridade. Como Autor Empírico, não fiquei feliz com essa possível ligação. Fica parecendo piada, e nada inteligente. Mas o pêndulo inventado por Léon era

---

* Umberto Eco, *O pêndulo de Foucault*. Trad. de Ivo Barroso. Rio de Janeiro: Record, 2016, p. 76. (*N. do E.*)

o herói da minha história e determinava o título; de modo que eu esperava que meu Leitor Modelo não tentasse estabelecer uma ligação superficial com Michel. Mas estava errado — foi o que fizeram muitos leitores inteligentes. O texto está aí. Talvez eles tenham razão; talvez eu seja responsável por uma piada superficial; talvez a piada não seja assim tão superficial. Não sei. A esta altura, a história toda fugiu ao meu controle.

Vejamos agora casos nos quais — embora eu possa ter esquecido minhas intenções iniciais, ao me comportar como um Leitor Modelo e checar o texto — julgo ter o direito, como qualquer outro ser humano, de recusar interpretações que não me pareçam econômicas.

Helena Costiucovich, antes de traduzir (magistralmente) *O nome da rosa* para o russo, escreveu um longo ensaio sobre o livro.[6] A certa altura, ela menciona um livro de Émile Henriot intitulado *La Rose de Bratislava* (1946), que trata da busca de um misterioso manuscrito e conclui com a destruição de uma biblioteca num incêndio. A história se passa em Praga, e no início do meu romance eu menciono Praga. Além disso, um dos meus bibliotecários chama-se Berengário, e um dos bibliotecários do livro de Henriot chama-se Berngard.

Eu nunca lera o romance de Henriot, nem tinha conhecimento da sua existência. Li interpretações nas quais meus críticos mencionavam fontes que eu conhecia, e ficava muito feliz com o fato de eles terem tão argutamente descoberto o que eu tão perspicazmente havia ocultado, para fazê-los ter o trabalho de encontrar — por exemplo, o fato de Serenus Zeitblom e Adrian Leverkühn, do *Doutor Fausto*, de Thomas Mann, terem servido de modelo da relação narrativa entre Adso e Guilherme em *O nome da rosa*. Fui informado por leitores de fontes de que nunca ouvira falar, e ficava encantado de ser considerado erudito o suficiente para citá-las (recentemente, um jovem medievalista disse-me que um bibliotecário cego foi mencionado por Cassiodorus no século VI d.C.). Li análises críticas em que o intérprete descobria influências nas quais eu não havia pensado ao escrever, mas que certamente lera na juventude; com toda evidência, tinha sido inconscientemente influenciado por elas. Meu amigo Giorgio Celli, por exemplo, disse que entre minhas leituras de muito tempo atrás deviam estar os romances do escritor simbolista Dimitri Merejkovski, e eu me dei conta de que ele tinha razão.

Como leitor comum de *O nome da rosa* (deixando de lado o fato de eu ser o autor), acho que a tese de Helena Costiucovich não prova nada interessante. A busca de um manuscrito misterioso e o incêndio de uma biblioteca são *topoi* literários muito comuns, e eu poderia citar muitos outros livros que os utilizam. Praga é mencionada no início do romance, mas se, em vez de Praga, eu tivesse mencionado Budapeste, teria sido o mesmo. Praga não desempenha um papel crucial na história.

Por sinal, quando *O nome da rosa* foi traduzido em certo país do bloco oriental, muito antes da perestroika, o tradutor telefonou-me para dizer que a referência à invasão russa da Tchecoslováquia no início do romance poderia causar problemas. Respondi que não aprovava nenhuma alteração no texto, e que se fosse censurado de alguma maneira responsabilizaria o editor. E acrescentei, em tom de piada: "Menciono Praga no início porque é uma das minhas cidades mágicas. Mas também gosto de Dublin. Ponha 'Dublin' em vez de 'Praga', não faz a menor diferença." O tradutor protestou: "Mas Dublin não foi invadida pelos russos!" E eu: "Não é culpa minha."

Por fim, os nomes "Berengário" e "Berngard" podiam ser uma coincidência. De qualquer maneira, o Leitor Modelo deve reconhecer que as quatro coincidências — manuscrito, incêndio, Praga e Berengário — são interessantes. E, como Autor Empírico, não tenho direito de objetar. Apesar de tudo, deparei-me recentemente com um exemplar do texto francês de Henriot, e descobri que o nome do bibliotecário em seu livro não é Berngard, mas Bernhard — Bernhard Marr. Costiucovich provavelmente baseou-se numa edição russa em que o nome fora mal transliterado para o cirílico. Assim, pelo menos uma das curiosas coincidências é eliminada, e o meu Leitor Modelo pode relaxar um pouco.

Mas Helena Costiucovich escreveu algo mais para estabelecer paralelo entre o meu livro e o de Henriot. Disse que no romance de Henriot o cobiçado manuscrito era o exemplar original das memórias de Casanova. Acontece que no meu romance há um personagem secundário chamado Hugo de Newcastle (na versão italiana, Ugo di Novocastro). A conclusão de Costiucovich é que "só passando de um nome a outro é possível conceber o nome da rosa".

Como um Autor Empírico, eu poderia dizer que Hugo de Newcastle não é invenção minha, mas uma figura histórica mencionada nas fontes medievais que utilizei: o episódio do encontro entre a legação franciscana e os representantes do papa é de fato extraído de uma crônica do século XIV. Mas não se pode esperar que o leitor saiba disso, e minha reação não pode ser levada em conta. Mas ainda assim acho que tenho o direito de declarar minha opinião, como leitor comum. Primeiramente, "Newcastle" não é uma tradução de "Casanova", que deveria ser traduzido para o inglês como "New House" (em termos etimológicos, o significado do nome latino "Novocastro" é "Nova Cidade" ou "Novo Acampamento"). Desse modo, "Newcastle" sugere "Casanova" da mesma forma como poderia sugerir "Newton".

Mas há outros elementos capazes de provar textualmente que a hipótese de Costiucovich não é econômica. Para começar, Hugo de Newcastle aparece no romance desempenhando um papel muito marginal, nada tendo a ver com a biblioteca. Se o texto quisesse sugerir uma relação pertinente entre Hugo e a biblioteca (assim como entre ele e o manuscrito), deveria ter dito algo mais. Mas o texto não diz uma palavra a este respeito. Depois, Casanova era — pelo menos de acordo com um conhecimento enciclopédico culturalmente compartilhado — um amante profissional e um libertino, ao passo que no romance nada lança dúvida sobre a virtude de Hugo. Em terceiro lugar, não há qualquer ligação evidente entre um manuscrito de Casanova e um manuscrito de Aristóteles, e em momento algum o romance faz alusão à libertinagem como uma forma louvável de comportamento. Como Leitor Modelo do meu próprio romance, sinto-me no direito de dizer que tentar encontrar uma "conexão Casanova" não leva a lugar nenhum.

Certa vez, durante um debate, um leitor me perguntou o que eu queria dizer com a frase "A suma felicidade está em ter o que se tem." Fiquei desconcertado, e disse que nunca tinha escrito esta frase. Tinha certeza disto, e por muitos motivos. Em primeiro lugar, não acho que a felicidade esteja em ter o que se tem; nem Snoopy assinaria embaixo de semelhante banalidade. Depois, é improvável que um personagem medieval achasse que a felicidade está em ter o que de fato se tem, já que, na mente medieval, a felicidade era um estado futuro a ser alcançado por meio do sofrimento presente. Assim, reiterei que nunca havia escrito a frase, e meu interlocutor olhou para mim como se eu não fosse capaz de reconhecer o que eu próprio havia escrito.

Mais tarde, deparei-me certa vez com a citação. Ela aparece em *O nome da rosa*, durante a descrição do êxtase erótico de Adso na cozinha. O episódio, como seria capaz de adivinhar até mesmo o mais embotado dos meus leitores, é totalmente composto de citações do *Cântico dos cânticos* e dos místicos medievais. Seja como for, ainda que as fontes não sejam identificadas, o leitor pode perceber que essas páginas descrevem os sentimentos de um rapaz depois de sua primeira (e provavelmente última) experiência sexual. Relendo a frase no contexto (isto é, no contexto do romance, não necessariamente no contexto das fontes medievais), encontramos: "Ó Senhor, quando a alma é arrebatada, a única virtude está em amar o que se vê, a suma felicidade em ter o que se tem."* Desse modo, "a felicidade está em ter o que se tem" não de maneira geral, a qualquer momento da vida, mas apenas no momento da visão de êxtase. Trata-se de um caso em que é desnecessário conhecer a intenção do Autor Empírico: a intenção do texto é flagrante. E se as palavras têm um sentido convencional, o verdadeiro sentido do texto não é aquele que esse leitor — atendendo a algum impulso idiossincrático — julgava que ele pretendia transmitir. Entre a inatingível intenção do autor e a contestável intenção do leitor, há a transparente intenção do texto, que refuta interpretações insustentáveis.

Gostei muito da leitura de um belo livro de Robert F. Fleissner, *A Rose by Another Name: A Survey of Literary Flora from Shakespeare to Eco* [Um outro nome da rosa: Um panorama da flora literária, de Shakespeare a Eco], e espero que Shakespeare ficasse orgulhoso de ver seu nome associado ao meu. Tratando das várias ligações que encontrou entre a minha rosa e todas as outras rosas da literatura mundial, Fleissner diz algo muito interessante: ele quer mostrar "como a rosa de Eco derivava de *O tratado naval*, de Doyle, que por sua vez devia muito à admiração de Cuff por esta flor em *A pedra da lua*".[7]

---

* *O nome da rosa*, p. 278. (*N. do E.*)

Agora, sou um completo viciado em Wilkie Collins, mas não me recordo (nem certamente recordava ao escrever meu romance) de que o personagem Cuff fosse apaixonado por rosas. Acho que li tudo de Arthur Conan Doyle, mas devo confessar que não me lembro de *O tratado naval*. Mas não importa: no meu romance, são tantas as referências explícitas a Sherlock Holmes que meu texto também pode comportar essa ligação. Apesar de assumir uma atitude imparcial, creio que Fleissner vai longe demais na interpretação quando, tentando demonstrar o quanto o meu Guilherme "faz eco" à admiração de Holmes pelas rosas, cita este trecho do meu livro: "'Frângula', disse Guilherme de repente abaixando-se para observar uma planta, que naquele dia de inverno reconheceu pelo arbusto. 'Boa a infusão da casca.'"*

É curioso que Fleissner termine a citação com "casca". Meu texto conclui com a frase: "para as hemorroidas". Honestamente, não creio que o Leitor Modelo esteja sendo convidado a tomar "frângula" como uma alusão às rosas.

Giosue Musca escreveu uma análise crítica de *O pêndulo de Foucault* que considero uma das melhores que li.[8] Mas desde o início ele se confessa contaminado pelo hábito dos meus personagens de caçar analogias, e sai em busca de conexões. Magistralmente, assinala muitas citações ultravioleta e analogias estilísticas que eu queria que fossem descobertas; encontra outras conexões nas quais não pensei mas que parecem muito convincentes; e desempenha o papel de um leitor paranoico, localizando conexões que me surpreendem mas não sou capaz de refutar — embora saiba que possam confundir o leitor. Por exemplo, parece que o nome do computador, Abulafia, e os nomes dos três personagens principais, Belbo, Casaubon e Diotallevi, alinham as iniciais ABCD. De nada servirá dizer que até o momento em que concluí o manuscrito o computador tinha um nome diferente: os leitores poderiam objetar que inconscientemente o mudei simplesmente para conseguir uma série alfabética. Verifica-se que Jacopo Belbo gosta de uísque e, curiosamente, suas iniciais são JB. De nada adiantaria protestar que ao longo da elaboração do romance seu nome não era Jacopo, mas Stefano, e que o mudei para Jacopo no último momento. Não há qualquer alusão ao uísque J&B.

---

* Ibidem, p. 174. (*N. do E.*)

As únicas objeções que posso fazer como Leitor Modelo do meu livro são (1) que a série alfabética ABCD é textualmente irrelevante se os nomes dos outros personagens não se estenderem até X, Y e Z; (2) que Belbo também bebe martínis, e, além do mais, seus moderados hábitos alcoólicos não são sua característica mais importante.

Em compensação, não tenho como argumentar com meu leitor quando ele também observa que Cesare Pavese, escritor que eu amava e ainda amo muito, nasceu numa aldeia chamada Santo Stefano Belbo, e que o meu Belbo, um piemontês melancólico, se lembra de Pavese. Na verdade (embora o meu Leitor Modelo supostamente não saiba deste detalhe), passei a infância às margens do rio Belbo, onde sofri algumas das provações que atribuí a Jacopo Belbo. É verdade que tudo isso aconteceu muito tempo antes de eu tomar conhecimento da existência de Cesare Pavese, de modo que mudei o nome de Stefano Belbo para Jacopo Belbo precisamente para não estabelecer uma relação flagrante com Pavese. Mas isto não bastava, e o meu leitor tinha razão ao encontrar uma ligação entre Pavese e Jacopo Belbo. E provavelmente estaria certo mesmo que eu tivesse dado a Belbo qualquer outro nome.

Eu poderia prosseguir com exemplos desse tipo, mas optei por mencionar apenas os mais imediatamente compreensíveis. Preferi ignorar outros casos mais complexos porque correria o risco de mergulhar fundo demais em questões de interpretação filosófica ou estética. Espero que vocês concordem em que introduzi o Autor Empírico neste jogo apenas para frisar sua irrelevância e reafirmar os direitos do texto.

Ao me aproximar do fim destas observações, contudo, sinto que não fui propriamente generoso com o Autor Empírico. Há pelo menos um caso em que o testemunho do Autor Empírico cumpre uma função importante: não tanto para permitir aos leitores entender melhor seus textos, mas certamente para ajudá-los a entender o rumo imprevisível de todo processo criativo. Entender o processo criativo também significa entender de que maneira certas soluções textuais aparecem como que por acaso, ou como resultado de mecanismos inconscientes. Isto nos ajuda a entender a diferença entre a estratégia do texto — um objeto linguístico que os Leitores Modelos têm diante dos olhos, permitindo-lhes fazer julgamentos independentemente das intenções do Autor Empírico — e a história da evolução desse texto.

Alguns dos exemplos que dei aqui podem funcionar nessa direção. Quero agora acrescentar dois outros exemplos curiosos, que apresentam uma característica especial: dizem respeito apenas a minha vida pessoal, sem qualquer contrapartida textual discernível. São irrelevantes para a atividade interpretativa. Simplesmente dizem de que maneira um texto, que é uma máquina concebida para suscitar interpretações, às vezes surge de um magma fluindo nas profundezas que nada tem a ver — ou ainda não tem — com a literatura.

Primeira história. Em *O pêndulo de Foucault*, o jovem Casaubon está apaixonado por uma brasileira chamada Amparo. Ironicamente, Giosue Musca identificou uma ligação com o físico André-Marie Ampère, que estudou a força magnética entre as correntes elétricas. Muito inteligente. Eu não sabia por que havia escolhido esse nome. Dei-me conta de que não era um nome brasileiro, e assim decidi escrever (no capítulo 23): "Jamais compreendi por que aquela descendente de holandeses que se haviam fixado no Recife e se miscigenaram com índios e negros sudaneses, parecendo uma jamaicana e com a cultura de uma parisiense, tinha um nome espanhol."* Em outras palavras, escolhi o nome "Amparo" como se viesse de fora do meu romance.

Meses depois da publicação do livro, um amigo perguntou-me: "Por que 'Amparo'? Não é o nome de uma montanha, ou de uma garota que está olhando para uma montanha?" E ele explicou: "Há uma canção, 'Guajira Guantanamera', em que aparece um nome parecido com 'Amparo'." Deus do céu! Eu conhecia muito bem essa canção, embora não recordasse uma única palavra da letra. Era cantada em meados da década de 1950 por uma garota por quem eu estava apaixonado na época. Ela era latino-americana, e muito bonita. Não era brasileira, nem marxista, nem negra, nem histérica, como Amparo; mas é evidente que, ao inventar uma encantadora garota latino-americana, inconscientemente pensei nessa outra imagem da minha juventude, quando tinha a idade de Casaubon. Eu tinha pensado nessa canção, e, de alguma forma, o nome "Amparo", que havia esquecido

---

* *O pêndulo de Foucault*, p. 175. (*N. do E.*)

completamente, migrara do meu inconsciente para a página. Esta história é completamente irrelevante para a interpretação do romance. No que diz respeito ao texto, Amparo é Amparo é Amparo é Amparo.

Segunda história. Os que leram *O nome da rosa* sabem que trata de um misterioso manuscrito, que essa obra perdida é o segundo livro da *Poética* de Aristóteles, que suas páginas estão besuntadas de veneno e que o volume é assim descrito (no capítulo "Sétimo dia, noite"): "Leu em voz alta a primeira página, depois parou, como se não lhe interessasse saber mais, e folheou rapidamente as páginas seguintes: mas após algumas folhas encontrou resistência, porque junto à margem lateral superior, e ao longo do corte, as folhas estavam unidas umas às outras, como acontece quando — umedecida e apodrecida — a matéria do papel forma uma espécie de glúten grudento."*

Escrevi estas linhas no fim de 1979. Nos anos seguintes, talvez por ter começado, após a publicação de *O nome da rosa*, a ter contato mais frequente com bibliotecários e colecionadores de livros (e certamente por ter um pouco mais de dinheiro à minha disposição), tornei-me um colecionador de livros raros. Em épocas anteriores da vida já acontecera de eu comprar alguns livros antigos, mas o fizera por acaso, e só quando eram muito baratos. Só nos últimos 25 anos é que me tornei um colecionador de livros sério — e "sério" significa que o sujeito precisa consultar catálogos especializados e, para cada livro, estabelecer uma ficha técnica, contendo a colação, informações históricas de edições anteriores ou posteriores e uma descrição exata do estado físico do exemplar em seu poder. Isto requer todo um jargão técnico, para especificar se o livro está descorado, amarelado, com corrosões ou sujo, se tem folhas apagadas ou onduladas, margens cortadas, rasuras, capa crestada, costuras puídas e assim por diante.

Certo dia, remexendo em casa nas prateleiras superiores da minha biblioteca, descobri um exemplar da *Poética* de Aristóteles com anotações de Antonio Riccoboni, Pádua, 1587. Tinha esquecido completamente dele. O número 1.000 estava escrito a lápis na contracapa, o que significava que eu comprara o livro em algum lugar por mil liras (atualmente, cerca de setenta centavos de dólar), provavelmente na década de 1950. Meu catálogo dizia

---

* *O nome da rosa*, p. 496. (*N. do E.*)

que era uma segunda edição, não extraordinariamente rara, e que havia outro exemplar no Museu Britânico. Mas fiquei satisfeito por dispor dela, pois aparentemente era difícil consegui-la, e, de qualquer maneira, os comentários de Riccoboni eram menos conhecidos e menos frequentemente citados que, por exemplo, os de Robortello ou Castelvetro.

Comecei então a redigir minha descrição. Copiei a folha de rosto e descobri que a edição tinha um apêndice intitulado "Ejusdem Ars Comica ex Aristotele", alegando apresentar o livro perdido de Aristóteles sobre a comédia. Evidentemente, Riccoboni tentara reconstituir o segundo livro da poética, que fora perdido. Mas não era algo incomum, e eu concluí a descrição física do volume. Até que tive uma experiência semelhante à de um certo Zasetski, relatada pelo neuropsicólogo soviético A. R. Luria.[9] Zasetski perdera parte do cérebro na Segunda Guerra Mundial, e com ele toda a memória e a capacidade de falar — mas continuava capaz de escrever. Sua mão automaticamente escrevia todas as informações nas quais não conseguia pensar, e passo a passo ele reconstruiu a própria identidade, lendo o que havia escrito.

Da mesma forma, eu olhava fria e tecnicamente para o livro, redigindo minha descrição, e de repente percebi que estava reescrevendo *O nome da rosa*. A única diferença era que, a partir da página 120, quando tem início a *Ars Comica*, eram as margens inferiores, e não as superiores, que estavam muito danificadas — mas todo o restante era igual. As páginas, progressivamente amareladas e com marcas de umidade, grudavam umas nas outras pelas margens, parecendo ter sido salpicadas com uma nojenta substância gordurosa.

Eu tinha nas mãos, impresso, o manuscrito que descrevera no meu romance. Havia anos e anos o tinha na minha casa, bem na minha prateleira.

Não era nenhuma coincidência extraordinária, nem mesmo um milagre. Eu comprara o livro na juventude, folheando-o, percebera que estava muito sujo, deixara-o de lado e o esquecera. Entretanto, usando uma espécie de câmera interna, tinha fotografado aquelas páginas, e durante décadas a imagem das folhas envenenadas dormira na parte mais recôndita da minha alma, como se estivesse num túmulo, até o momento em que ressurgiu — não sei por que —, e eu achava que tinha inventado o livro.

Como a primeira, esta história nada tem a ver com uma possível interpretação de *O nome da rosa*. A moral, se existe, é que a vida privada dos Autores Empíricos em certa medida é até mais insondável que seus textos. Entre a misteriosa história de uma criação textual e os incontroláveis vagares de suas futuras leituras, o texto *qua* texto ainda representa uma reconfortante presença, um ponto ao qual podemos nos agarrar.

3

Algumas observações sobre os personagens fictícios

> [Dom Quixote] ficou tão absorto nos seus livros que passava as noites, do pôr do sol ao nascer do sol, e os dias, do alvorecer ao anoitecer, debruçado sobre eles; e com tão pouco sono e tanta leitura, seu cérebro de tal maneira ressecou que ele perdeu o juízo. Sua fantasia se encheu do que ele costumava ler nos seus livros — feitiços, disputas, batalhas, desafios, ferimentos, namoros, amores, agonias e toda sorte dos mais impossíveis absurdos; e de tal maneira se apropriou da sua mente que toda a trama de invenção e fantasia sobre a qual lia era verdadeira, e para ele nenhuma história no mundo trazia em si maior realidade. Ele costumava dizer que Cid Ruy Díaz era um excelente cavaleiro, mas que não podia ser comparado com o Cavaleiro da Espada Ardente, que de um só golpe cortou ao meio dois ferozes e monstruosos gigantes. Tinha em mais alta conta Bernardo del Carpio, pois em Roncesvalles ele matou Rolando apesar dos feitiços.
>
> — Cervantes, *Dom Quixote*, tradução inglesa de John Ormsby

Após a publicação de *O nome da rosa*, muitos leitores me escreveram dizendo que tinham descoberto e visitado a abadia onde se passava a história. Muitos outros me pediam mais informações sobre o manuscrito que menciono na introdução do livro. Na mesma introdução, digo que encontrei um livro sem título de Athanasius Kircher numa livraria de livros antigos em Buenos Aires. Recentemente — vale dizer, quase trinta anos depois da publicação do meu romance —, um alemão escreveu-me dizendo que acabara de encontrar em Buenos Aires uma livraria de livros antigos com um volume de Kircher, e se perguntava se por acaso seria a mesma livraria e o mesmo livro por mim mencionados no romance.

Desnecessário dizer que inventei tanto a arquitetura quanto a localização da abadia (embora muitos de seus detalhes fossem inspirados em lugares realmente existentes); que começar uma obra de ficção dizendo que um velho manuscrito foi encontrado é um venerável *tópos* literário, de tal maneira que dei a minha introdução o título de "Um manuscrito, *naturalmente*"; e que o misterioso livro de Kircher e a livraria ainda mais misteriosa foram ambos inventados.

Aqueles que saíram em busca da verdadeira abadia e do verdadeiro manuscrito eram talvez leitores ingênuos, pouco familiarizados com as convenções literárias, que deram por acaso com o meu romance depois de ver o filme. Mas esse sujeito alemão que acabo de mencionar, e que parece ter o hábito de visitar vendedores de livros raros e aparentemente sabe da existência de Kircher, certamente é uma pessoa culta, familiarizada com livros e materiais impressos. Assim, o que parece é que muitos leitores, independentemente de sua condição cultural, são ou se tornam incapazes de distinguir entre ficção e realidade. Levam a sério personagens fictícios, como se fossem seres humanos de verdade.

Outro comentário a respeito dessa distinção (ou da ausência dela) ocorre em *O pêndulo de Foucault*. Depois de assistir a uma liturgia alquímica algo fantástica, Jacopo Belbo tenta justificar ironicamente a prática, observando: "O problema não está em saber se são melhores ou piores do que os que vão ao santuário. Estava me perguntando quem somos nós. Nós que consideramos Hamlet mais real que o nosso porteiro. Terei o direito de julgar estes aqui, eu que ando à cata de Madame Bovary para convidá-la a cear?"[1]

Chorando por Anna Karenina

Em 1860, quando se preparava para atravessar o Mediterrâneo e seguir a expedição de Garibaldi até a Sicília, Alexandre Dumas pai parou em Marselha e visitou o Château d'If, onde seu herói, Edmond Dantès, antes de se tornar o conde de Monte Cristo, ficou encarcerado durante 14 anos, sendo instruído por um companheiro de cela, o abade Faria.[2] Enquanto lá se encontrava, Dumas descobriu que aos visitantes costumava ser mostrada a suposta "verdadeira" cela de Monte Cristo, e que os guias constantemente falavam de Dantès, Faria e dos outros personagens do romance como se realmente tivessem existido.[3] Em compensação, os mesmos guias nunca mencionavam que no Château d'If tinham estado presas algumas figuras históricas importantes, como Honoré Mirabeau.

Assim é que Dumas comenta em suas memórias: "É prerrogativa dos romancistas criar personagens que matam os personagens dos historiadores. O motivo é que os historiadores evocam meros fantasmas, ao passo que os romancistas criam gente de carne e osso."[4]

Certa vez, um amigo exortou-me a promover um simpósio sobre o seguinte tema: Se sabemos que Anna Karenina é um personagem fictício que não existe no mundo real, por que choramos pelo seu drama, ou de qualquer modo ficamos profundamente comovidos com sua infelicidade?

Há provavelmente muitos leitores cultos que não vertem lágrimas pelo destino de Scarlett O'Hara, mas ficam chocados com o destino de Anna Karenina. Além disso, já vi intelectuais sofisticados chorando abertamente no fim de *Cyrano de Bergerac* — o que não deveria espantar ninguém, pois quando uma estratégia dramática visa induzir à plateia a derramar lágrimas, consegue fazê-lo independentemente do nível cultural de cada um. Não se trata de um problema estético: grandes obras de arte podem não suscitar uma reação emocional, ao passo que muitos filmes ruins e romances baratos conseguem fazê-lo.[5] E cabe lembrar que Madame Bovary, personagem pelo qual muitos choraram, costumava chorar com as histórias de amor que lia.

Eu disse firmemente ao meu amigo que esse fenômeno não tinha qualquer relevância ontológica ou lógica, e só interessava aos psicólogos. Podemos nos identificar com personagens fictícios e seus atos porque, em função de um acordo narrativo, começamos a viver no mundo possível de sua história como se fosse nosso próprio mundo real. Mas isto não ocorre só quando lemos ficção.

Muitos de nós já teremos alguma vez pensado na possibilidade da morte de um ente querido e com isto ficado profundamente afetados, chegando mesmo às lágrimas, apesar de saber que o fato era apenas imaginado, e não real. Esses fenômenos de identificação e projeção são absolutamente normais e (repito) interessam apenas aos psicólogos. Se há ilusões de ótica, nas quais vemos determinada forma como maior que outra, apesar de saber que têm exatamente o mesmo tamanho, por que não haveria também ilusões emocionais?[6]

Também tentei mostrar ao meu amigo que a capacidade de um personagem fictício de fazer as pessoas chorarem não depende apenas de suas qualidades, mas dos hábitos culturais dos leitores — ou da relação entre suas expectativas culturais e a estratégia narrativa. Em meados do século XIX, as pessoas choravam e até soluçavam ante o destino de Fleur-de-Marie, de Eugène Sue, ao passo que hoje em dia o infortúnio da pobre menina nos deixa cinicamente indiferentes. Em contraste, há algumas décadas muita gente ficava comovida com o destino de Jenny em *Love Story*, de Erich Segal, tanto o romance quanto o filme.

Mas com o tempo percebi que não podia descartar assim tão facilmente a questão. Tinha de reconhecer que há uma diferença entre chorar pela morte imaginária de um ente querido e chorar pela morte de Anna Karenina. É verdade que em ambos os casos estamos admitindo como perfeitamente natural o que acontece num mundo possível: o mundo da nossa imaginação no primeiro caso e o mundo concebido por Tolstoi no segundo. Mas se mais tarde alguém nos perguntar se o ente querido realmente faleceu, podemos dizer com grande alívio que não é verdade — o mesmo alívio que sentimos ao acordar de um pesadelo. Ao passo que, se nos perguntarem se Anna Karenina morreu, teremos de responder sempre que sim, pois o fato de Anna ter-se suicidado é verdadeiro em todos os possíveis mundos.

Além do mais, em se tratando de amor romântico, sofremos ao imaginar que estamos sendo abandonados pelo ente amado, e certas pessoas que de fato foram abandonadas são levadas ao suicídio. Mas não sofremos muito quando nossos amigos são abandonados pelos seus amados. Certamente sentimos empatia, mas nunca ouvi falar de alguém que tenha cometido suicídio porque um dos seus amigos tinha sido abandonado. Parece, portanto, estranho que, quando Goethe publicou *Die Leiden des jungen Werthers* (*Os sofrimentos do jovem Werther*), no qual o herói, Werther, se suicida por causa de um amor não correspondido, muitos jovens leitores românticos tenham feito o mesmo. O fenômeno veio a ser conhecido como o "efeito Werther". O que devemos depreender quando as pessoas ficam apenas levemente perturbadas vendo milhões de indivíduos reais morrerem de fome — entre eles muitas crianças —, mas sentem uma profunda aflição pessoal com a morte de Anna Karenina? O que pensar quando sentimos profundamente a dor de uma pessoa que sabemos nunca ter existido?

Ontologia *versus* semiótica

Mas teremos assim tanta certeza de que os personagens fictícios não têm algum tipo de existência? Usemos aqui a expressão "Objeto Fisicamente Existente", ou OFE, para designar objetos que existem atualmente (como você, a lua e a cidade de Atlanta), assim como objetos que só existiram no passado (como Júlio César ou os navios de Cristóvão Colombo). Ninguém certamente haveria de dizer que os personagens fictícios são OFEs. Mas isto não quer dizer que de todo não sejam objetos.

Basta adotar o tipo de ontologia desenvolvido por Alexius Meinong (1853-1920) para aceitar a ideia de que toda representação ou julgamento deve corresponder a um objeto, muito embora talvez não seja necessariamente um objeto existente. Um objeto é qualquer coisa dotada de certas propriedades, mas a existência não é uma propriedade indispensável. Sete séculos antes de Meinong, o filósofo Avicena disse que a existência era apenas uma propriedade acidental de uma essência ou substância ("accidens adveniens quidditati"). Neste sentido, podem de fato existir objetos *abstratos* — como o número 17 e um ângulo reto, que não existem propriamente, mas *subsistem* — e objetos *concretos*, como eu e Anna Karenina, com a diferença de que eu sou um OFE, e Anna, não.

Mas quero deixar claro que não estou preocupado aqui com a ontologia dos personagens fictícios. Para tornar-se objeto de reflexão ontológica, um objeto precisa ser considerado como existindo independentemente de qualquer mente, como no caso de um ângulo reto, considerado por muitos matemáticos e filósofos uma espécie de entidade platônica — significando que a afirmativa "O ângulo reto tem noventa graus" permaneceria verdadeira mesmo que nossa espécie desaparecesse, e que sua verdade também seria aceita por alienígenas do espaço sideral.

Em contraste, o fato de Anna Karenina ter-se suicidado depende da competência cultural de muitos leitores vivos; ele é atestado por alguns livros, mas certamente seria esquecido se a espécie humana e todos os livros do planeta desaparecessem. Uma possível objeção é que um ângulo reto só terá noventa graus para os alienígenas que conheçam nossa geometria euclidiana, e que qualquer afirmativa sobre Anna Karenina continuaria sendo verdadeira para os alienígenas se eles conseguissem resgatar pelo menos um exemplar do romance de Tolstoi. Mas não sou obrigado aqui a adotar uma posição sobre a natureza platônica das entidades matemáticas, e não disponho de qualquer informação sobre a geometria ou a literatura comparativa dos alienígenas. Vou então presumir que de qualquer maneira o teorema pitagórico provavelmente seria verdadeiro mesmo se não houvesse seres humanos para pensar nele, ao passo que, para se atribuir alguma existência a Anna Karenina, certamente é necessário haver uma mente quase humana capaz de transformar o texto de Tolstoi em fenômenos mentais.

A única coisa de que estou realmente certo é que algumas pessoas ficam comovidas com a revelação de que Anna Karenina se suicidou, mas muito poucas (se é que alguma) ficam chocadas ou tristes ao tomar conhecimento de que um ângulo reto tem noventa graus. Como o cerne da minha reflexão aqui é tentar descobrir por que as pessoas se comovem com personagens fictícios, não posso assumir um ponto de vista ontológico. Sou forçado a considerar Anna Karenina um objeto dependente da mente, um objeto de cognição. Em outras palavras (e adiante explicarei meu ponto de vista mais claramente), minha abordagem não é ontológica, mas semiótica. Ou seja, o que eu quero saber é que tipo de conteúdo corresponde, para um leitor competente, à expressão "Anna Karenina" — especialmente se esse leitor tiver certeza de que Anna não é nem nunca foi um OFE.[7]

Além disso, o problema que estou investigando é: em que sentido pode um leitor normal considerar verdadeira a afirmação de que "Anna Karenina se suicidou", se tiver como certo que Anna não é um OFE? A pergunta que faço não é "Onde, em que parte do universo vivem os personagens fictícios?", e sim "De que maneira falamos deles como se vivessem em alguma parte do universo?".

Para responder a todas essas perguntas, se é que é possível, acho que será útil reconsiderar alguns fatos óbvios sobre os personagens fictícios e o mundo em que vivem.

Mundos possíveis incompletos e personagens completos

Por definição, os textos ficcionais falam obviamente de pessoas e acontecimentos inexistentes (e precisamente por este motivo solicitam de nossa parte a chamada "suspensão da incredulidade"). Assim, do ponto de vista de uma semântica condicionada à verdade, uma afirmação fictícia sempre declara algo contrário aos fatos.

Entretanto, não tomamos as afirmações ficcionais como mentiras. Para começar, ao ler um texto de ficção, entramos num acordo tácito com o autor, que *finge* que o que escreveu é verdadeiro e solicita que *finjamos* levá-lo a sério.[8] Com isto, todo romancista designa um mundo possível, e todos os nossos julgamentos de verdade ou mentira estão relacionados a esse mundo possível. Assim, é ficcionalmente verdadeiro que Sherlock Holmes vivia em Baker Street e ficcionalmente falso que vivia à margem do rio Spoon.

Os textos de ficção nunca são ambientados num mundo totalmente diferente daquele em que vivemos, mesmo quando são contos de fadas ou histórias de ficção científica. Mesmo em tais situações, se for mencionada uma floresta, fica entendido que deve ser mais ou menos semelhante às florestas do nosso mundo real, nas quais as árvores são vegetais e não minerais, e assim por diante. Se por acaso nos for dito que a floresta consiste em árvores minerais, os conceitos de "mineral" e "árvore" devem ser os mesmos que no nosso mundo real.

Em geral um romance apresenta como cenário o mundo da nossa vida cotidiana, pelo menos no que diz respeito às suas principais características. As histórias de Rex Stout convidam os leitores a considerar verdadeiro o fato de que Nova York é habitada por gente como Nero Wolfe, Archie Goodwin, Saul Panzer e o Inspetor Cramer, cujos nomes não constam dos registros oficiais da cidade. Mas todo o resto da ação transcorre numa Nova York que é como de fato é (ou era) no nosso mundo real, de modo que ficaríamos desconcertados se de repente Archie Goodwin resolvesse escalar a torre Eiffel no Central Park. Um mundo fictício não é apenas um *mundo possível*, mas também um *mundo pequeno* — vale dizer, "uma série relativamente breve de acontecimentos locais em algum recanto do mundo real".[9]

Um mundo fictício é um estado de coisas incompleto, e não máximo.[10] No mundo real, se a afirmação "John vive em Paris" for verdadeira, também será verdade que John vive na capital da França, ao norte de Milão e ao sul de Estocolmo. Esse conjunto de requisitos não se aplica aos mundos possíveis das nossas crenças — os chamados mundos "doxásticos". Se é verdade que John acredita que Tom vive em Paris, isto não significa que John acredite que Tom viva ao norte de Milão, pois John pode carecer de informações geográficas.[11] Os mundos fictícios são tão incompletos quanto os mundos doxásticos, mas de uma forma diferente.

Por exemplo, no início do romance *The Space Merchants* [Os mercadores do espaço], de Frederik Pohl e C. M. Kornbluth, lemos: "Esfreguei o sabão de depilação no rosto e o enxaguei com o filete de água doce que saía da torneira."[12] Numa frase remetendo ao mundo real, a menção da água "doce" pareceria redundante, pois as torneiras em geral são torneiras de água doce. Mas na medida em que desconfiamos que esta frase está se referindo a um mundo fictício, entendemos que fornece informação indireta sobre um certo mundo no qual nas pias normais a torneira de água doce contrasta com a torneira de água salgada (ao passo que no nosso mundo a oposição é de frio *versus* quente). Ainda que a história não fornecesse mais informações, os leitores ficariam ansiosos por deduzir que se tratava de um mundo de ficção científica no qual havia escassez de água doce. Na ausência de mais informações, seríamos obrigados a pensar que tanto a água doce quanto a água salgada eram H_2O normal. Neste sentido, parece que os mundos fictícios são *parasitários* do mundo real.[13] Um mundo possível fictício é aquele no qual tudo é semelhante ao nosso chamado mundo real, exceto nas variações explicitamente introduzidas pelo texto.

No seu *Conto de inverno*, Shakespeare afirma que a Cena 3 do Ato III ocorre na "Boêmia", um país deserto perto do mar. Sabemos que a Boêmia não tem litoral, assim como não há resorts à beira-mar na Suíça, mas aceitamos como verdadeiro que — no mundo possível da peça de Shakespeare — a "Boêmia" tem um litoral marítimo. Por acordo ficcional e suspensão da incredulidade, devemos encarar essas variações como se fossem verdadeiras.[14]

Já se disse que os personagens fictícios são *subdeterminados* — ou seja, conhecemos apenas poucas das suas propriedades —, ao passo que os indivíduos reais são *completamente determinados*, e devemos ser capazes de estabelecer a seu respeito cada um dos seus atributos conhecidos.[15] Embora isto seja verdade do ponto de vista ontológico, de um ponto de vista epistemológico é exatamente o contrário que acontece: ninguém pode afirmar todas as propriedades de determinado indivíduo ou determinada espécie, que são potencialmente infinitas, ao passo que as propriedades dos personagens fictícios são severamente limitadas pelo texto narrativo — e só os atributos mencionados no texto contam para a identificação do personagem.

Na verdade, conheço Leopold Bloom melhor que a meu próprio pai. Quem poderia dizer quantos episódios da vida do meu pai me são desconhecidos, quantos pensamentos meu pai nunca revelou, quantas vezes ocultou suas mágoas, seus dilemas, suas fraquezas? Agora que ele se foi, provavelmente jamais poderei descobrir esses aspectos secretos e talvez fundamentais do seu ser. Como os historiadores mencionados por Dumas, penso e repenso em vão sobre esse querido fantasma, para sempre perdido. Em compensação, sei a respeito de Leopold Bloom tudo que preciso saber — e toda vez que releio *Ulisses* descubro algo mais sobre ele.

Lidando com verdades históricas, os historiadores podem discutir durante séculos para saber se determinada informação é relevante ou não. Por exemplo, seria relevante para a história de Napoleão saber o que ele comeu imediatamente antes da batalha de Waterloo? A maioria dos biógrafos consideraria irrelevante esse detalhe. Mas poderia haver estudiosos firmemente convencidos de que a comida pode ter uma influência decisiva no comportamento humano. De modo que esse detalhe a respeito de Napoleão, se comprovado por algum documento, seria extremamente importante para sua pesquisa.

Em contraste, os textos de ficção nos dizem, de maneira bastante precisa, quais detalhes são relevantes para a interpretação da história, a psicologia dos personagens e assim por diante, e quais devem ser considerados marginais.

No fim do livro 2, capítulo 35, de *O vermelho e o negro*, Stendhal relata como Julien Sorel tenta matar Madame de Rênal na igreja de Verrières. Depois de dizer que o braço de Julien treme, ele conclui: "Nesse momento, o jovem padre que oficiava a Missa tocou o sino para a elevação da Hóstia. Madame de Rênal abaixou a cabeça, que por um momento ficou inteiramente encoberta pelas dobras do seu xale. Julien já não via claramente seus traços. Disparou um tiro de pistola contra ela e errou. Fez um segundo disparo; ela caiu."[16]

Na página seguinte, somos informados de que Madame de Rênal foi mortalmente ferida: a primeira bala perfurou seu chapéu e a segunda atingiu-a no ombro. É interessante notar que, por motivos que intrigaram muitos críticos,[17] Stendhal especifica onde foi parar a segunda bala: depois de ricochetear no osso do ombro, ela atingiu uma pilastra gótica, arrancando uma enorme lasca de pedra. Mas embora ofereça detalhes da trajetória da segunda bala, ele pouco diz a respeito da primeira.

Até hoje as pessoas se perguntam o que aconteceu com a primeira bala de Julien. Muitos admiradores de Stendhal certamente tentam localizar essa igreja e encontrar traços da bala (como colunas com lascas de pedra igualmente arrancadas). Nesse mesmo espírito, sabe-se que muitos admiradores de James Joyce visitam Dublin para encontrar a farmácia onde Bloom comprou sabão de limão — e essa farmácia de fato existe, ou ainda existia em 1965, quando comprei o mesmo tipo de sabão, provavelmente fabricado pelo farmacêutico só para atender aos turistas joycianos.

Suponhamos agora que um crítico queira interpretar todo o romance de Stendhal tomando essa bala perdida como ponto de partida. Há formas ainda mais loucas de crítica! Como o texto não confere relevância à bala perdida (na verdade, mal chega a mencioná-la), não poderíamos deixar de considerar forçada semelhante estratégia interpretativa. Um texto de ficção nos diz não só o que é verdadeiro e falso em seu mundo narrativo, mas também o que é relevante e o que pode ser descartado como insignificante.

Por isto é que temos a impressão de estar em condições de fazer assertivas inquestionáveis sobre personagens de ficção. É absolutamente verdade que a primeira bala de Julien Sorel errou o alvo, assim como é absolutamente verdade que Mickey Mouse é o namorado de Minnie.

Afirmativas fictícias *versus* afirmativas históricas

Uma afirmativa fictícia como "Anna Karenina se suicida jogando-se na frente de um trem" é tão verdadeira quanto a afirmativa histórica "Adolf Hitler suicidou-se e seu corpo foi queimado num bunker em Berlim"? Nossa resposta instintiva é que a afirmação a respeito de Anna diz respeito a uma invenção, ao passo que a afirmação sobre Hitler remete a algo que realmente aconteceu.

Assim, para sermos corretos em termos de uma semântica condicionada à verdade, deveríamos dizer que "Anna Karenina se suicida jogando-se na frente de um trem" é apenas outra maneira de dizer "É verdade neste mundo que o texto de um romance de Tolstoi declara que Anna Karenina se suicida jogando-se na frente de um trem".

Se assim é, em termos lógicos a declaração a respeito de Anna seria verdadeira *de dicto* e não *de re*, e de um ponto de vista semiótico diria respeito ao *plano da expressão*, e não ao *plano do conteúdo* — ou, nos termos de Ferdinand de Saussure, ao nível do *significante*, e não do *significado*.

Podemos fazer afirmativas verdadeiras sobre personagens fictícios porque o que acontece com eles está registrado num texto, e um texto é como uma partitura musical. "Anna Karenina se suicida jogando-se na frente de um trem" é verdadeiro da mesma forma como é verdadeiro que a *Quinta Sinfonia* de Beethoven é em dó menor (e não em fá maior, como a *Sexta*) e começa com a frase musical "sol, sol, sol, mi bemol".

Chamarei aqui essa maneira de encarar as afirmativas fictícias como uma "abordagem baseada na partitura". Mas essa posição não é totalmente satisfatória do ponto de vista da experiência de um leitor. Deixando de lado uma série de problemas decorrentes do fato de a leitura de uma partitura ser um complexo processo de interpretação, podemos dizer que uma partitura musical é um dispositivo semiótico que nos diz como produzir determinada sequência de sons. Só depois da transformação de uma série de sinais escritos em sons os ouvintes podem dizer que estão apreciando a *Quinta Sinfonia* de Beethoven. (Isto acontece até com um músico muito experiente que leia a partitura em silêncio: na verdade, ele está reproduzindo mentalmente os sons.) Quando dizemos "É verdade neste mundo que o texto de um romance de Tolstoi declara que Anna Karenina se suicida jogando-se na frente de um trem", estamos simplesmente dizendo que é verdade neste mundo que, em determinada página impressa, há uma sequência de palavras escritas que, quando pronunciadas pelo leitor (ainda que apenas mentalmente), vão capacitá-lo a se dar conta de que há um mundo narrativo no qual pessoas como Anna e Vronsky existem.

Mas ao falar de Anna e Vronsky, em geral deixamos de pensar no texto no qual lemos a respeito de suas vicissitudes. Falamos deles como se fossem pessoas de verdade.

É verdade (neste mundo) que a Bíblia começa com "*Bereshit*..." — "No princípio..." Mas, quando dizemos que Caim matou seu irmão ou que Abraão estava a ponto de sacrificar o próprio filho — e muitas vezes quando tentamos interpretar esses acontecimentos moral ou misticamente —, não nos referimos à partitura hebraica original (que 90% dos leitores da Bíblia não conhecem); estamos falando do *conteúdo*, e não da *expressão* do texto bíblico. É verdade que sabemos que Caim matou Abel por causa da partitura bíblica escrita, e já se disse que a existência de muitos objetos não físicos, chamados de "objetos sociais", deveria ou poderia ser comprovada por um documento. Mas veremos adiante que (1) às vezes os personagens fictícios existiam antes de serem registrados num documento (como no caso de figuras míticas e lendárias) e (2) muitos personagens fictícios conseguiram *sobreviver* aos documentos que registravam sua existência.

Na verdade, ninguém (acho eu) pode em sã consciência negar que Adolf Hitler e Anna Karenina são dois tipos de entidades diferentes, cada uma com um status ontológico diferente. Não sou o que costuma ser chamado depreciativamente em certos departamentos acadêmicos norte-americanos de um "textualista" — alguém que considera (como certos desconstrucionistas) que não existem fatos, mas apenas interpretações, isto é, textos. Tendo desenvolvido uma teoria da interpretação baseada na semiótica de C.S. Peirce, parto do princípio de que, para produzir uma interpretação, é necessário que haja algum fato a ser interpretado.[18] Aceitando, como aceito, que há uma diferença entre fatos que certamente são textos (como o exemplar físico de um livro que você está lendo) e fatos que não são apenas textos (como o fato de você estar lendo este livro), acredito sinceramente que Hitler era um ser humano real (pelo menos, vou acreditá-lo até que historiadores dignos de crédito apresentem provas em contrário, evidenciando que era um robô construído por Wernher von Braun), ao passo que Anna foi apenas imaginada por uma mente humana, sendo, como diriam alguns, um "artefato".[19]

Seja como for, podemos dizer que não só as afirmativas fictícias como também as históricas são *de dicto*: os estudantes que escrevem que Hitler morreu num bunker em Berlim estão simplesmente afirmando o que é verdade de acordo com seus livros de história. Em outras palavras, exceto no caso de julgamentos que dependam de minha experiência direta (como, por exemplo, "Está chovendo"), todos os julgamentos que posso fazer com base na minha experiência cultural (vale dizer, todos que digam respeito a informações registradas numa enciclopédia — que os dinossauros viveram na era Jurássica, que Nero era mentalmente desequilibrado, que a fórmula do ácido sulfúrico é H_2SO_4, e assim por diante) baseiam-se em informação textual. E ainda que pareçam expressar verdades *de facto*, são apenas *de dicto*.

Usarei então a expressão "verdades enciclopédicas" para designar todos os itens de conhecimento comum que aprendo numa enciclopédia (como a distância entre o Sol e a Terra, ou o fato de Hitler ter morrido num bunker). Considero essas informações verdadeiras porque confio na comunidade científica e aceito uma espécie de "divisão do trabalho cultural" pela qual delego a pessoas especializadas o poder de prová-las. Mas as afirmativas enciclopédicas têm seus limites. Ainda podem ser objeto de revisão, pois por definição a ciência está sempre preparada para reconsiderar as próprias descobertas. Se mantivermos a mente aberta, devemos dispor-nos a rever nossas opiniões a respeito da morte de Hitler se novos documentos forem descobertos, e adaptar nossas crenças a respeito da distância entre o Sol e a Terra em virtude de novas medições astronômicas. Além disso, o fato de Hitler ter morrido num bunker já foi posto em dúvida por certos historiadores. É concebível que Hitler tenha sobrevivido à queda de Berlim ao chegarem as tropas Aliadas e fugido para a Argentina, que ninguém tenha sido queimado no bunker ou que o corpo queimado fosse de outra pessoa, que o suicídio de Hitler tenha sido inventado por motivos de propaganda pelos russos que chegaram ao bunker, que o bunker nem tivesse existido, já que sua exata localização ainda hoje é objeto de debate, e assim por diante.

Em contraste, a afirmativa "Anna Karenina se suicidou jogando-se na frente de um trem" não pode ser posta em dúvida.

Toda afirmação envolvendo verdades enciclopédicas pode e frequentemente deve ser testada em termos de *legitimidade empírica externa* (pela qual dizemos: "Prove que Hitler realmente morreu no bunker"), ao passo que as afirmações a respeito do suicídio de Anna envolvem casos de *legitimidade textual interna* (significando que não precisamos sair do texto para prová-las). Com base nessa legitimidade interna, consideraríamos louco ou mal informado qualquer um que dissesse que Anna Karenina casou com Pierre Besuchov, ao passo que seríamos menos cortantes como alguém que levantasse dúvidas a respeito da morte de Hitler.

Com base na mesma legitimidade interna, a identidade dos personagens fictícios é inconfundível. Na vida real, ainda não estamos muito certos quanto à identidade do Homem da Máscara de Ferro; não sabemos quem foi realmente Kaspar Hauser; não sabemos se Anastasia Nikolaevna Romanova foi assassinada com o restante da família real russa em Ecaterimburgo ou sobreviveu e acabou aparecendo como a encantadora pretendente interpretada no cinema por Ingrid Bergman. Em contraste, lemos as histórias de Arthur Conan Doyle convencidos de que, quando Sherlock Holmes se refere a Watson, está sempre designando a mesma pessoa, e de que na cidade de Londres não há duas pessoas com o mesmo nome e a mesma profissão — caso contrário, o texto pelo menos daria a entender que isto sucede. Insurgi-me em outro contexto contra a teoria da designação rígida de Saul Kripke,[20] mas de bom grado reconheço que o conceito é válido nos mundos fictícios possíveis. Podemos definir o Dr. Watson de muitas maneiras, mas está claro que ele é aquele que, em *Um estudo em vermelho*, é chamado de Watson pela primeira vez, por um personagem chamado Stamford, e que a partir daí tanto Sherlock Holmes quanto os leitores de Arthur Conan Doyle, ao usarem o nome "Watson", estão se referindo a esse batismo original. É possível que, num romance ainda não descoberto, Conan Doyle diga que Watson mentiu ao declarar ter sido ferido na batalha de Maiwand ou que se formou em medicina. Mas mesmo neste caso, o Dr. Watson, desmascarado como um farsante, continuará sendo aquela pessoa que conheceu Sherlock Holmes em *Um estudo em vermelho*.

O problema da identidade forte dos personagens fictícios é muito importante. Em seu livro *Contre-enquête sur la mort d'Emma Bovary* [Contrainvestigação sobre a morte de Emma Bovary],[21] Philippe Doumenc conta a história de uma investigação policial provando que Madame Bovary não se envenenou, mas foi assassinada. Este romance só adquire certo sabor porque os leitores têm como certo que, "na realidade", Emma Bovary se envenenou. O romance de Doumenc pode ser apreciado da mesma maneira como os leitores apreciam as chamadas histórias "ucrônicas", uma contrapartida temporal das utopias, uma espécie de FH ("ficção histórica", ou ficção científica sobre o passado) na qual, por exemplo, o autor poderia imaginar o que teria acontecido na Europa se Napoleão tivesse vencido em Waterloo. Da mesma forma, para apreciar o romance de Doumenc, o leitor deve aceitar como verdadeiro que Madame Bovary realmente se suicidou. Caso contrário, para que escrever — ou ler — uma contra-história dessas?

A função epistemológica das afirmativas fictícias

Ainda não verificamos que tipo de entidades fictícias são os personagens, fora do contexto de uma abordagem baseada na partitura. Mas estamos em condições de dizer que as afirmativas fictícias, em virtude da maneira como as usamos e pensamos nelas, são essenciais para esclarecer nosso atual conceito de verdade.

Suponha que alguém perguntasse o que significa dizer que uma afirmativa é verdadeira, e suponha que respondêssemos com a famosa definição de Alfred Tarski, segundo a qual "A neve é branca" só é verdade se a neve for branca. Estaríamos dizendo algo bem interessante para estimular o debate intelectual, mas de pouco uso para as pessoas comuns (por exemplo, não ficaríamos sabendo que tipo de prova física é suficiente para permitir que alguém afirme que a neve é branca). Deveríamos dizer, em vez disso, que uma afirmativa é inquestionavelmente verdadeira quando for tão irrefutável quanto a afirmação "O Super-Homem é Clark Kent".

Em geral, os leitores aceitam como irrefutável a ideia de que Anna Karenina se suicidou. Mas ainda que quiséssemos buscar provas empíricas externas, é suficiente, para aceitar a abordagem baseada na partitura (segundo a qual é verdade que Tolstoi, num livro que pode ser consultado, escreveu isto e mais aquilo), dispor de dados sensoriais corroborando a afirmativa — ao passo que, no caso da morte de Hitler, cada prova é mais contestável.

Para decidir se "Hitler morreu no bunker de Berlim" é inquestionavelmente verdade, precisamos determinar se consideramos que a afirmação é tão inquestionavelmente verdadeira quanto "O Super-Homem é Clark Kent" ou "Anna Karenina se suicidou jogando-se na frente de um trem". Só depois de realizar esse tipo de teste podemos dizer que "Hitler morreu no bunker de Berlim" é apenas provavelmente verdade, talvez altamente provável que seja verdade, mas não uma verdade além da mais leve sombra de dúvida (ao passo que "O Super-Homem é Clark Kent" jamais poderia ser contestado). O papa e o Dalai Lama podem passar anos debatendo se é verdade que Jesus Cristo é Filho de Deus, mas (se estiverem bem informados sobre literatura e histórias em quadrinhos) terão de admitir que Clark Kent é o Super-Homem, e vice-versa. É esta, portanto, a função epistemológica das afirmativas fictícias: podem ser usadas como fator definitivo do teste da irrefutabilidade das verdades.

Indivíduos flutuantes em partituras flutuantes

O fato de termos sugerido uma função aléctica das verdades fictícias não basta para explicar por que choramos com o sofrimento de personagens de ficção. Não se espera que ninguém fique sensibilizado porque *Tolstoi escreveu que Anna Karenina morreu*. Ficamos comovidos, no máximo, porque *Anna Karenina morreu* — ainda que não tenhamos conhecimento do fato de que Tolstoi foi o primeiro a escrever a respeito.

Cabe notar que o que acabo de escrever se aplica a Anna Karenina, Clark Kent, Hamlet e muitas outras figuras, mas não a qualquer personagem fictício. Ninguém (exceto especialistas em cultura inútil a respeito de Nero Wolfe) poderia saber quem foi Dana Hammond e o que fez. Pode-se no máximo dizer que no romance intitulado *In the Best Families* [Nas melhores famílias] (publicado por Rex Stout em 1950), o texto afirma que um certo banqueiro chamado Dana Hammond fez isto e mais aquilo. Dana Hammond é por assim dizer prisioneiro da sua partitura original. Em contraste, se quiséssemos citar um famoso e famigerado banqueiro, poderíamos mencionar o barão Nucingen, que de certa forma conquistou a capacidade de viver fora dos livros de Balzac, onde nasceu. Nucingen tornou-se o que certas teorias estéticas chamam de "tipo universal". Dana Hammond, infelizmente, não. Pior para ele.

Neste sentido, devemos presumir que certos personagens de ficção adquirem uma espécie de existência independente de suas partituras originais. Quantas pessoas que conhecem o destino de Anna Karenina leram o livro de Tolstoi? E quantas delas ouviram falar de Anna graças ao cinema (especialmente dois filmes com Greta Garbo) e a séries de televisão? Não sei a resposta exata, mas certamente posso afirmar que muitos personagens fictícios "vivem" fora da partitura que lhes conferiu existência, movendo-se para uma zona do universo que nos é muito difícil delimitar. Alguns chegam até a migrar de um texto para outro, pois ao longo dos séculos a imaginação coletiva fez um investimento emocional neles, transformando-os em indivíduos "flutuantes". Em sua maioria, esses personagens vieram de grandes obras de arte ou de mitos, mas não certamente todos. Desse modo, nossa comunidade de entidades flutuantes inclui Hamlet e Robin Hood, Heathcliff e Milady, Leopold Bloom e Super-Homem.

Como sempre fui fascinado por personagens flutuantes, inventei certa vez o seguinte pastiche literário (peço perdão por esta manifestação de autoplágio):

> Viena, 1950. Vinte anos se passaram, mas Sam Spade não desistiu da busca do falcão maltês. Seu contato agora é Harry Lime, e eles estão conversando furtivamente no alto da roda-gigante do Prater. Descem e caminham até o Café Mozart, onde Sam está tocando "As Time Goes By" na lira. Numa mesa no fundo, um cigarro pendurado nos lábios, uma expressão de amargura no rosto, está sentado Rick. Encontrou uma pista nos papéis que Ugarte lhe mostrou, e agora mostra a Sam Spade uma foto de Ugarte: "Cairo!", murmura o detetive. Rick prossegue com seu relato: ao entrar triunfalmente

em Paris com o capitão Renault, como membro do Exército de Libertação de De Gaulle, ouvira falar de uma certa Sra. Dragão (supostamente a assassina de Robert Jordan durante a Guerra Civil Espanhola), que tinha sido posta na trilha do falcão pelo serviço secreto. Ela está para chegar a qualquer momento. A porta se abre e aparece uma mulher. "Ilsa!", exclama Rick. "Brigid!", exclama Sam Spade. "Anna Schmidt!", exclama Lime. "Srta. Scarlett!", exclama Sam, "você voltou! Não faça meu chefe sofrer mais".

Da penumbra do bar surge um homem com um sorriso sarcástico. É Philip Marlowe. "Vamos, Srta. Marple", diz ele à mulher. "O padre Brown nos espera na Baker Street."[22]

Não é preciso ter lido a partitura original para estar familiarizado com um personagem flutuante. Muita gente conhece Ulisses sem ter lido a *Odisseia*, e milhões de crianças que falam de Chapeuzinho Vermelho nunca leram as duas principais fontes da história: a partitura de Charles Perrault e a dos Irmãos Grimm.

Tornar-se uma entidade flutuante não depende das qualidades estéticas da partitura original. Por que tantas pessoas lamentam o suicídio de Anna Karenina, mas só um pequeno grupo de admiradores de Victor Hugo pranteia o suicídio de Cimourdain em *O noventa e três*? Pessoalmente, sou mais tocado pelo destino de Cimourdain (um herói monumental) do que pelo destino dessa pobre senhora. Tanto pior — a maioria está contra mim. Quem se lembra de Augustin Meaulnes, senão os fãs da literatura francesa? No entanto foi ele, e ainda é, o protagonista de um grande romance de Alain Fournier: *Le Grand Meaulnes*. Certos leitores mais sensíveis podem envolver-se tão profunda e apaixonadamente com esses romances que acolhem Augustin Meaulnes e Cimourdain no seu clube. Mas a maioria dos leitores contemporâneos não espera dar de cara com esses personagens na rua — ao passo que recentemente li que, segundo uma pesquisa, um quinto dos adolescentes britânicos acredita que Winston Churchill, Gandhi e Dickens eram personagens fictícios, ao passo que Sherlock Holmes e Eleanor Rigby seriam reais.[23] Parece, portanto, que Churchill pode assumir a condição privilegiada de uma entidade fictícia flutuante, ao passo que Augustin Meaulnes não pode.

Certos personagens são mais amplamente conhecidos por meio do seu avatar extratextual que no papel que desempenharam em determinada partitura. Vejamos o caso de Chapeuzinho Vermelho. No texto de Perrault, a menina é devorada pelo lobo e a história para aí, inspirando sérias reflexões sobre os riscos da imprudência. No texto dos Grimm, o caçador chega, mata o lobo e traz a criança e sua avó de volta à vida. Hoje em dia, a Chapeuzinho Vermelho que as mães e as crianças conhecem não é a de Perrault nem a dos Grimm. O final feliz certamente vem da versão dos Grimm, mas muitos outros detalhes são uma espécie de combinação das duas versões. A Chapeuzinho Vermelho que conhecemos vem de uma *partitura flutuante*, mais ou menos aquela que é compartilhada por todas as mães e os contadores de histórias para crianças.

Muitos personagens míticos pertenciam a esse terreno compartilhado antes de entrarem num texto específico. Édipo era uma figura em muitas lendas orais antes de se tornar tema das peças de Sófocles. Depois de tantas adaptações para o cinema, os Três Mosqueteiros não são mais os de Dumas. Todo leitor das histórias de Nero Wolfe sabe que ele vivia em Manhattan, num prédio em algum ponto da West 35th Street — mas os romances de Rex Stout mencionam pelo menos dez números diferentes. Em determinado momento, os fãs de Wolfe foram convencidos, numa espécie de acordo tácito, de que o número certo era 454; e no dia 22 de junho de 1996 a prefeitura de Nova York e um clube chamado Wolfe Pack homenagearam Rex Stout e Nero Wolfe com uma placa de bronze no prédio de número 454 da West 35th Street, assim atestando ser este o local do prédio fictício.

Da mesma forma, Dido, Medeia, Dom Quixote, Madame Bovary, Holden Caulfield, Jay Gatsby, Philip Marlowe, o inspetor Maigret e Hercule Poirot passaram a viver fora de suas partituras originais — e até pessoas que nunca leram Virgílio, Eurípides, Cervantes, Flaubert, Salinger, Fitzgerald, Chandler, Simenon ou Christie podem fazer afirmações verdadeiras sobre esses personagens. Como são independentes do texto e do mundo possível no qual nasceram, essas figuras estão (por assim dizer) circulando entre nós, e temos dificuldade de pensar nelas como outra coisa que não pessoas reais. Desse modo, passamos a tomá-las não só como modelos da nossa própria vida, mas também como modelos para a vida dos outros. Poderíamos dizer que alguém que conhecemos tem um complexo de Édipo, um apetite gargantuesco, é ciumento como Otelo, duvida como Hamlet, é avarento como Scrooge.

Os personagens fictícios como objetos semióticos

Nesta altura, embora tenha dito que minha preocupação neste ensaio não é ontológica, não possa escapar à questão ontológica básica: que tipo de entidade é um personagem fictício, e de que maneira um personagem assim, se não chega exatamente a existir, pelo menos *subsiste*?

Um personagem fictício certamente é um *objeto semiótico*. Refiro-me com isto a um conjunto de propriedades registradas na enciclopédia de uma cultura e transmitidas por determinada expressão (uma palavra, uma imagem ou outro dispositivo). Esse agregado de propriedades é o que chamamos de "significado" da expressão. Assim, a palavra "cão" transmite em seu conteúdo as propriedades de ser um animal, mamífero, canídeo, que late, o melhor amigo do homem e muitos outros atributos mencionados numa enciclopédia abrangente. Essas propriedades, por sua vez, podem ser *interpretadas* por outras expressões; e a série dessas interpretações correlatas constitui todos os conceitos que dizem respeito ao termo que são compartilhados por uma comunidade e coletivamente registrados.

Há muitos tipos de objetos semióticos, alguns representando classes de OFEs (por exemplo, a classe das "espécies naturais" transmitidas por palavras como "cavalo", ou das "espécies artificiais" transmitidas por palavras como "mesa"), outros representando conceitos abstratos ou objetos ideais (como "liberdade" ou "raiz quadrada"), outros ainda que pertencem à classe denominada "objetos sociais", que inclui casamentos, dinheiro, graus universitários — em geral, qualquer entidade estabelecida por um acordo coletivo ou lei.[24] Mas também há objetos semióticos que representam pessoas ou ideias individuais e que são denotados por nomes próprios como "Boston" ou "John Smith". Não compartilho da teoria da "designação rígida", segundo a qual determinada expressão necessariamente se refere à mesma coisa em todos os mundos possíveis, independentemente de eventuais mudanças nas circunstâncias. Acredito sinceramente que todo nome próprio é um gancho no qual penduramos um conjunto de propriedades, de tal maneira que o nome "Napoleão" transmite propriedades específicas: um homem que nasceu em Ajaccio, serviu como general francês, tornou-se imperador, venceu a batalha de Austerlitz, morreu em Santa Helena no dia 5 de maio de 1821 e assim por diante.[25]

Em sua maioria, os objetos semióticos compartilham um atributo importante: têm um possível referente. Em outras palavras, têm a propriedade de ser existentes (como no caso da expressão "monte Everest") ou de terem existido (como no caso de "Cícero"), e frequentemente a expressão também transmite instruções para identificar o referente. Palavras como "cavalo" ou "mesa" representam classes de OFEs; objetos ideais como "liberdade" ou "raiz quadrada" podem ser relacionados a casos individuais concretos (a Constituição, digamos, do estado de Vermont exemplifica um caso de liberdade assegurada a todo cidadão; 1,7320508075688772 é a raiz quadrada de 3); e o mesmo se pode dizer dos objetos sociais (o acontecimento X é um caso de casamento). Mas há casos de espécies naturais, artificiais, abstratas ou sociais que não podem ser relacionados a qualquer experiência individual. Assim, conhecemos o significado (as supostas propriedades) de "unicórnio", "Santo Graal", "a terceira lei da robótica" definida por Isaac Asimov, a "quadratura do círculo" e "Medeia", mas temos consciência de que não podemos isolar qualquer elemento desses objetos no nosso mundo físico.

Eu chamaria essas entidades de "objetos puramente intencionais", se a expressão já não tivesse sido usada por Roman Ingarden com outras finalidades.[26] Para Ingarden, os objetos puramente intencionais são artefatos como uma igreja ou uma bandeira — sendo a primeira mais que a soma de suas partes materiais, e a segunda, mais que um pedaço de pano, já que é dotada de um valor simbólico baseado em uma convenção social e cultural. Apesar dessa definição, a palavra "igreja" também transmite critérios de identificação de uma igreja, subentendendo os materiais com os quais deve ter sido construída e seu tamanho médio (uma miniatura da catedral de Reims feita de marzipã não é uma igreja), e é possível encontrar OFEs que são igrejas (Notre-Dame, em Paris, São Pedro, em Roma ou São Basílio, em Moscou). Em contraste, se definirmos os personagens fictícios como objetos puramente intencionais, temos em mente conjuntos de propriedades que não têm equivalente no mundo real. A expressão "Anna Karenina" não tem qualquer referente físico, e não podemos achar neste mundo nada a cujo respeito alguém pudesse dizer: "Esta é Anna Karenina."

Vamos então nos referir aos personagens fictícios como "objetos *absolutamente* intencionais".

Carola Barbero propôs que um personagem fictício seja considerado um "objeto de mais alta ordem" — isto é, um desses objetos que são algo mais que a soma de suas propriedades. Considera-se que um objeto de mais alta ordem "depende *genericamente* (e não *rigidamente*) de seus elementos e relações constitutivos, significando 'genericamente' que ele precisa de *alguns* elementos moldados numa forma específica para ser o objeto que é, mas *não* precisa *exatamente* desses elementos específicos".[27] O que é crucial para o reconhecimento do objeto é que mantenha uma gestalt, uma relação constante entre seus elementos, mesmo que esses elementos não sejam mais os mesmos. Por exemplo, "O trem das 16h35 de Nova York para Boston foi cancelado" e "Em virtude de problemas técnicos, o trem das 16h35 de Nova York para Boston partirá às 17h". Um exemplo típico de objeto de mais alta ordem é uma melodia. A *Sonata para piano nº 2* em si bemol menor opus 35 de Chopin continuará sendo melodicamente reconhecível mesmo quando tocada num bandolim. Reconheço que do ponto de vista estético o resultado seria desastroso, mas o padrão melódico seria preservado. E a peça também seria reconhecível se algumas notas fossem omitidas.

Seria interessante determinar que notas podem ser omitidas sem destruir a gestalt musical e quais, pelo contrário, são essenciais — ou "diagnósticas" — para a identificação da melodia. Mas não se trata de um problema teórico; trata-se, isto sim, de uma tarefa para um crítico musical, que terá diferentes soluções dependendo do objeto analisado.

Este ponto é importante porque há o mesmo problema quando, em vez de uma melodia, analisamos um personagem fictício. Será que Madame Bovary continuaria sendo Madame Bovary se não se matasse? Lendo o romance de Philippe Doumenc, de fato temos a impressão de estar lidando com o mesmo personagem do livro de Flaubert. Esta ilusão "de ótica" deve-se ao fato de Emma Bovary aparecer no início do romance já morta e mencionada como a mulher que *supostamente* se suicidou. A alternativa proposta pelo autor (que ela foi assassinada) é a opinião pessoal de alguns personagens do romance de Doumenc e não altera os principais atributos de Emma.

Barbero menciona o conto "O episódio Kugelmass", de Woody Allen, no qual Madame Bovary é trazida por uma espécie de máquina do tempo à Nova York de hoje e tem um caso amoroso.[28] Ela parece uma paródia da Emma Bovary de Flaubert: usa roupas contemporâneas e faz compras na Tiffany's. Mas continua reconhecível porque preserva a maioria de suas propriedades diagnósticas: faz parte da pequena burguesia, é casada com um médico, mora em Yonville, vive insatisfeita com sua vida provinciana e tem inclinação ao adultério. Na história de Allen, Emma não se suicida, mas — o que é essencial para a qualidade irônica da narrativa — é fascinante (e desejável) precisamente porque está a ponto de se suicidar. À maneira da ficção científica, Kugelmass precisa entrar no mundo de Flaubert *antes* que Emma tenha sua última relação adúltera, para não chegar tarde demais.

Vemos assim que um personagem fictício continua o mesmo ainda que ele ou ela seja transposto para um contexto diferente, desde que suas propriedades diagnósticas sejam preservadas. Quais propriedades são realmente diagnósticas é algo que deve ser definido para cada personagem.[29]

Chapeuzinho Vermelho é uma menina, usa um chapéu vermelho e encontra um lobo que mais tarde vem a devorá-la e à sua avó. Estas são suas características diagnósticas, embora diferentes pessoas possam ter diferentes ideias sobre a idade da menina, o tipo de comida que leva na cesta e assim por diante. Essa menina *flutua* de duas maneiras: vive fora da sua partitura original e é uma espécie de nebulosa de contornos variáveis e imprecisos. Mas algumas das suas propriedades diagnósticas permanecem invariáveis e a tornam reconhecível em diferentes contextos e situações. Poderíamos nos perguntar o que teria acontecido a Chapeuzinho Vermelho se ela não tivesse encontrado o lobo; mas encontrei em vários sites da internet muitas representações de uma menina usando um chapeuzinho vermelho e com idades variando de 5 a 12 anos, e sempre reconhecia a protagonista do conto de fadas. Também havia uma imagem mostrando uma loura sexy de 20 anos usando um chapéu vermelho, e a aceitei como sendo Chapeuzinho Vermelho porque a legenda assim a identificava; mas considerei isso uma piada, uma paródia, uma provocação. Para ser Chapeuzinho Vermelho, uma menina deve apresentar pelo menos *duas* propriedades diagnósticas: deve usar um chapéu vermelho e também ser uma *menininha*.

A própria existência dos personagens fictícios obriga a semiótica a rever algumas de suas abordagens, que correm o risco de parecer excessivamente simples. O clássico triângulo semântico em geral aparece como mostrado na figura 1. A inclusão do referente nesse triângulo resulta do fato de frequentemente usarmos expressões verbais para indicar algo fisicamente existente no nosso mundo. Concordo com Peter Strawson no sentido de que mencionar ou referir não é algo que uma expressão faça, mas sim algo que uma pessoa pode fazer mediante o uso de uma expressão. Mencionar ou referir é uma função do *uso* de uma expressão.[30]

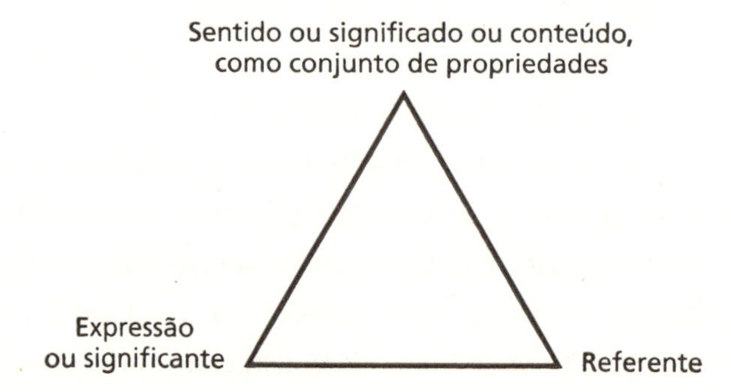

Cabe duvidar que estejamos praticando um ato de referência ao dizer que os cães são animais ou que todos os gatos são bonzinhos. Parece que neste caso ainda estamos fazendo julgamentos sobre determinados objetos semióticos (ou classe de objetos), atribuindo-lhes propriedades específicas.

Um cientista poderia dizer que descobriu uma nova propriedade das maçãs, e praticar um ato de referência ao declarar em seus protocolos que testou essas propriedades das maçãs nas maçãs individuais reais A, B e C (indicando a série de objetos reais que usou para efetuar as experiências que legitimaram sua dedução). Mas assim que sua descoberta é aceita pela comunidade científica, essa nova propriedade é atribuída às maçãs em geral e se torna parte permanente do conteúdo da palavra "maçã".

Praticamos atos de referência quando falamos de indivíduos — mas há uma diferença entre fazer uma referência a indivíduos existentes e mencionar indivíduos que existiram no passado. O conteúdo da palavra "Napoleão" deve incluir, entre as propriedades de Napoleão, o fato de ele ter morrido no dia 5 de maio de 1821. Em contraste, as propriedades do conteúdo da palavra "Obama", quando usada em 2010, devem incluir o fato de estar vivo e ser presidente dos Estados Unidos.[31]

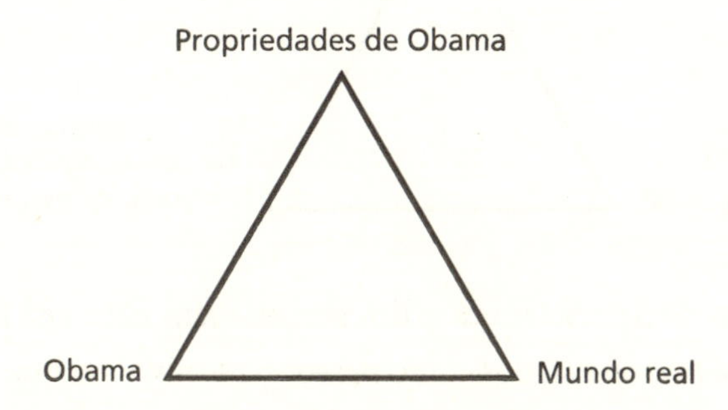

A diferença entre se referir a indivíduos vivos e mencionar indivíduos que viveram no passado pode ser representada por dois diferentes triângulos semióticos, tal como aparecem nas figuras 2 e 3. Neste caso, os falantes que dizem *p* ao se referir a Obama convidam os ouvintes a verificar *p* (se quiserem) numa localização espaço-temporal precisa do mundo fisicamente existente.[32] Em contraste, quem disser *p* de Napoleão não estará convidando ninguém a verificar *p* num mundo passado. A menos que se tenha uma máquina do tempo, não é possível voltar ao passado para verificar se Napoleão realmente venceu a batalha de Austerlitz. Toda afirmação a respeito de Napoleão afirma as propriedades transmitidas pela palavra "Napoleão", ou então alude a algum documento recém-descoberto que muda o que acreditávamos a respeito dele até agora — por exemplo, que não morreu no dia 5 de maio, mas no dia 6 de maio. Só quando a comunidade científica checar que o documento é um OFE poderemos corrigir a enciclopédia pública — vale dizer, reconhecer as corretas propriedades atribuídas a Napoleão como um objeto semiótico.

Napoleão poderia tornar-se o personagem principal de uma reconstrução biográfica (ou de um romance histórico) que tentasse fazê-lo viver de novo em sua época, reconstituindo seus atos e até seus sentimentos. Neste caso, Napoleão seria muito semelhante a um personagem fictício. Sabemos que ele de fato existiu — mas, para observar sua vida e até participar dela, tentamos imaginar seu mundo passado como se fosse o mundo possível de um romance.

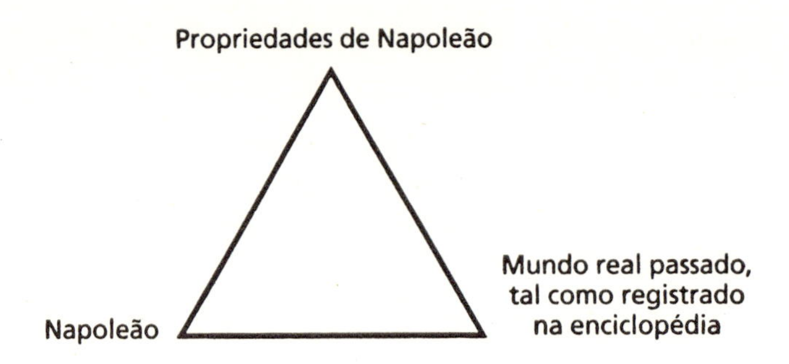

O que acontece realmente no caso dos personagens fictícios? É verdade que alguns deles são apresentados como pessoas que viveram quando "era uma vez" (como Chapeuzinho Vermelho e Anna Karenina); mas já vimos que, em virtude de um acordo narrativo, o leitor deve tomar como verdadeiro o que é narrado e fingir que está vivendo no mundo possível da narrativa, como se fosse o seu mundo real. É irrelevante se a história fala de uma pessoa supostamente viva (como determinado detetive que hoje trabalha em Los Angeles) ou de uma pessoa supostamente morta. É como se alguém nos contasse que *neste mundo* um dos nossos parentes acaba de morrer: estaríamos emocionalmente envolvidos com uma pessoa que ainda está presente no mundo da nossa experiência.

O triângulo semântico poderia assumir a forma mostrada na figura 4. Agora podemos entender melhor como alguém pode envolver-se emocionalmente com os habitantes de um mundo fictício possível como se fossem pessoas reais. Isto acontece apenas em parte pelo mesmo motivo pelo qual podemos ficar comovidos por um devaneio no qual um ente querido morre. Neste último caso, no fim do devaneio voltamos à vida cotidiana e nos damos conta de que não havia motivo de preocupação. Mas que aconteceria se vivêssemos num devaneio ininterrupto?

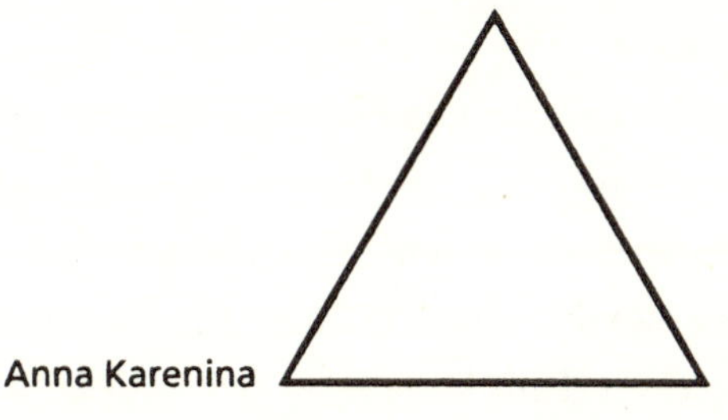

Para estar permanentemente envolvidos em termos emocionais com os habitantes de um mundo fictício possível, temos de atender a duas exigências: (1) devemos viver num mundo fictício possível como se estivéssemos num devaneio ininterrupto, e (2) devemos nos comportar como se fôssemos um dos personagens.

Já vimos que os personagens fictícios nascem no mundo possível da narrativa, e que se e quando se tornam entidades flutuantes, aparecem em outras narrativas ou se integram a uma partitura flutuante. Também aceitamos que, em função de um acordo tácito habitualmente feito pelos leitores de romances, fingimos levar a sério o mundo fictício possível. Assim, pode acontecer que, quando entramos num mundo narrativo muito absorvente e cativante, uma estratégia textual possa provocar algo semelhante a um *raptus* místico ou uma alucinação, e simplesmente *esquecemos* que entramos num mundo que é meramente possível.

Isto acontece especialmente quando encontramos um personagem na sua partitura original ou num novo e sedutor contexto; mas como esses personagens são flutuantes e, por assim dizer, vêm e vão na nossa mente (como as mulheres no mundo de J. Alfred Prufrock, falando de Michelangelo), estão sempre prontos a nos hipnotizar e levar-nos a crer que estão entre nós.

Quanto à segunda exigência, uma vez que tenhamos começado a viver num mundo possível como se fosse o nosso mundo real, podemos ficar desconcertados com o fato de que, no mundo possível, não somos, por assim dizer, formalmente registrados. O mundo possível nada tem a ver conosco; movemo-nos nele como se fôssemos a bala perdida de Julien Sorel, mas nosso envolvimento emocional nos leva a assumir a personalidade de outra pessoa — uma pessoa que tem o direito de viver ali. Assim, identificamo-nos com um dos personagens fictícios.

Quando despertamos de um devaneio em que um ente querido morre, percebemos que o que imaginamos era falso, e tomamos como verdadeira a afirmativa "Meu ente querido está vivo e vai bem". Em contraste, quando a alucinação ficcional acaba — quando deixamos de fingir que somos o personagem fictício, pois, como escreveu Paul Valéry, "*le vent se lève, il faut tenter de vivre*" ("o vento sopra, precisamos tentar viver") —, continuamos a aceitar como verdadeiro que Anna Karenina se suicidou, que Édipo matou o pai e que Sherlock Holmes mora em Baker Street.

Reconheço que é um comportamento muito estranho, mas acontece com frequência. Depois de derramar lágrimas, fechamos o livro de Tolstoi e voltamos para o aqui e agora. Mas continuamos considerando que Anna Karenina se suicidou, e achamos que é maluco quem quer que diga que ela casou com Heathcliff.

Como são entidades flutuantes, esses nossos fiéis companheiros de vida (ao contrário de outros objetos semióticos, culturalmente sujeitos a revisão)[33] jamais mudarão e continuarão para sempre como agentes de seus atos. E em virtude da inalterabilidade de seus atos, sempre poderemos alegar ser verdade que tinham essas qualidades e se comportavam de determinada maneira. Clark Kent é o Super-Homem agora e até o fim dos tempos.

Outros objetos semióticos

Haverá alguém mais que tenha o mesmo destino? Sim: os heróis e deuses de toda mitologia; seres lendários como unicórnios, elfos, fadas e Papai Noel; e quase todas as entidades reverenciadas pelas diferentes religiões. Claro que, para um ateu, toda entidade religiosa é fictícia, ao passo que, para um crente, há um mundo espiritual de "objetos sobrenaturais" (deuses, anjos e assim por diante) inacessível aos nossos sentidos, mas absolutamente "real" — e neste sentido um ateu e um crente recorrem a duas ontologias diferentes. Mas se os católicos acreditam que um Deus pessoal realmente existe e partem do princípio de que o Espírito Santo provém d'Ele e do Seu Filho, devem então encarar Alá, Shiva e o Grande Espírito das Pradarias como meras ficções inventadas por narrativas sagradas. Da mesma forma, para um budista o Deus da Bíblia é um indivíduo fictício, e o Gitchi Manitou dos algonquinos é um ser fictício para um muçulmano ou um cristão. Isto significa que, para um crente de determinada religião, todas as entidades religiosas das demais religiões — em outras palavras, a esmagadora maioria dessas entidades — são indivíduos fictícios. De modo que estamos fadados a encarar aproximadamente 90% das entidades religiosas como ficções.

Os termos que designam as entidades religiosas têm uma referência semântica dual. Para um cético, Jesus Cristo foi um OFE que existiu durante 33 anos no início do primeiro milênio; para um cristão praticante, ele também é um objeto que ainda subsiste (no Céu, de acordo com a imaginação popular) num modo imaterial de existência.[34] Há muitos casos de referência semântica dual. Mas quando se trata de determinar as verdadeiras crenças das pessoas comuns, certos britânicos (como vimos) acreditam que Sherlock Holmes foi uma pessoa real. Da mesma forma, sabe-se que muitos poetas cristãos começavam seus versos invocando as Musas ou Apolo — e não temos realmente como dizer se estavam simplesmente usando um *tópos* literário ou de alguma forma levando a sério as divindades do monte Olimpo. Muitos personagens mitológicos tornaram-se protagonistas de narrativas escritas, e, simetricamente, muitos protagonistas de narrativas seculares tornaram-se muito semelhantes aos personagens dos contos mitológicos. Os limites entre heróis lendários, deuses míticos, personagens literários e entidades religiosas muitas vezes são muito imprecisos.

A força ética dos personagens fictícios

Dissemos que, ao contrário dos outros objetos semióticos, que são culturalmente sujeitos a revisão e talvez semelhantes apenas a entidades matemáticas, os personagens fictícios nunca mudarão e permanecerão para sempre agentes do que fizeram. Por isto é que são importantes para nós, especialmente do ponto de vista moral.

Imagine que estejamos assistindo a uma encenação do *Édipo Rei*, de Sófocles. Queremos desesperadamente que Édipo tome qualquer outro caminho em vez daquele em que encontrou e assassinou o próprio pai. Ficamos nos perguntando por que ele foi parar em Tebas, e não, digamos, em Atenas, onde poderia ter casado com Frineia ou Aspásia. Da mesma forma, lemos *Hamlet* nos perguntando por que um bom rapaz como ele não poderia ter casado com Ofélia e vivido feliz com ela, depois de matar o canalha do tio e gentilmente expulsar a mãe da Dinamarca. Por que não poderia Heathcliff ter dado mostra de um pouco mais de coragem frente às humilhações, esperando para poder casar com Catherine e viver com ela como um respeitável proprietário fundiário? Por que o príncipe Andrei não foi capaz de se recuperar da doença fatal e casar com Natasha? Por que Raskolnikov tem a mórbida ideia de matar uma velha senhora, em vez de concluir os estudos para se tornar um profissional respeitado? Por que, quando Gregor Samsa é transformado numa patética barata, não aparece uma linda princesa para beijá-lo e transformá-lo no mais bonito rapaz de Praga? Por que Robert Jordan, nas colinas áridas da Espanha, não poderia derrotar aqueles porcos fascistas para ir ao encontro da sua doce Maria?

Em princípio, podemos fazer com que todas essas coisas aconteçam. Precisamos apenas reescrever *Édipo*, *Hamlet*, *O morro dos ventos uivantes*, *Guerra e paz*, *Crime e castigo*, *A metamorfose* e *Por quem os sinos dobram*. Mas será que queremos realmente?

A devastadora experiência de constatar que, apesar do nosso desejo, Hamlet, Robert Jordan e o príncipe Andrei morrem — que as coisas acontecem de determinada maneira, e para sempre, não importando nossos anseios e esperanças ao longo da leitura — nos faz estremecer ao sentir o dedo do Destino. Percebemos que não podemos saber se Ahab vai capturar a Baleia Branca. A verdadeira lição de *Moby Dick* é que a Baleia vai para onde Ela quer. A natureza irrefutável das grandes tragédias decorre do fato de que seus heróis, em vez de escapar de um destino cruel, mergulham no abismo — que cavaram com as próprias mãos —, pois não têm ideia do que os espera; e nós, que vemos claramente para onde estão indo tão cegamente, não temos como detê-los. Temos acesso cognitivo ao mundo de Édipo, e tudo sabemos sobre ele e Jocasta — mas eles, apesar de viverem num mundo que depende parasitariamente do nosso, nada sabem a nosso respeito. Os personagens fictícios não podem se comunicar com as pessoas do mundo real.[35]

Não é uma questão assim tão extravagante quanto parece. Por favor, tente levá-la a sério. Édipo não é capaz de conceber o mundo de Sófocles — caso contrário, não acabaria casando com a mãe. Os personagens fictícios vivem num mundo incompleto, ou — para ser mais duro e politicamente incorreto — *deficiente.*

Mas quando realmente entendemos seu destino, começamos a desconfiar que também nós, como cidadãos do aqui e agora, muitas vezes vamos ao encontro do nosso destino porque encaramos o nosso mundo da mesma maneira como os personagens fictícios encaram o deles. A ficção dá a entender que talvez nossa visão do mundo real seja tão imperfeita quanto a visão que os personagens fictícios têm do seu mundo. Por isto é que os personagens fictícios bem-sucedidos tornam-se supremos exemplos da "real" condição humana.

4

Minhas listas

Eu tive formação católica, e assim me acostumei a recitar e ouvir ladainhas. Ladainhas são, por natureza, repetitivas. Consistem em geral em listas de frases laudatórias, como no caso das Ladainhas da Virgem: "Sancta Maria", "Sancta dei genitrix", "Sancta Virgo virginum", "Mater Christi", "Mater divinae gratiae", "Mater purissima", e assim por diante.

Como os catálogos e anuários telefônicos, as ladainhas são um tipo de lista. São casos de *enumeração*. Talvez eu não tenha percebido no início da minha carreira de narrador de ficção o quanto gostava de listas. Hoje, depois de cinco romances e algumas outras tentativas literárias, estou em condições de estabelecer uma lista completa das minhas listas. Mas esse empreendimento tomaria muito tempo, de modo que vou limitar-me a citar algumas das minhas enumerações, e — como prova da minha humildade — compará-las com alguns dos maiores catálogos da história da literatura mundial.

Listas práticas e poéticas

Antes de tudo, precisamos distinguir entre listas que são "práticas" (ou "pragmáticas") e as que são "literárias" ou "poéticas" ou "estéticas" — sendo este último adjetivo mais abrangente que os dois anteriores, pois não há apenas listas verbais, mas também visuais, musicais e gestuais.[1]

Uma lista prática poderia ser uma lista de compras, um catálogo de biblioteca, o inventário de objetos em qualquer lugar (como um escritório, um arquivo ou um museu), um cardápio de restaurante ou até um dicionário, que registra todas as palavras do léxico de determinada língua. Essas listas têm uma função puramente referencial, pois seus itens designam objetos correspondentes; e se esses objetos não existissem, a lista simplesmente seria um documento falso. Registrando, como fazem, coisas que existem — que estão fisicamente presentes em algum lugar —, elas não podem ser alteradas, no sentido de que não faria sentido incluir no catálogo de um museu uma pintura que não constasse da coleção desse museu.

Em contraste, as listas poéticas são *abertas*, e de certa maneira pressupõem um *et cetera* final. Seu objetivo é sugerir uma infinidade de pessoas, objetos, acontecimentos, por dois motivos: (1) o escritor tem consciência de que a quantidade de coisas é extensa demais para ser registrada; (2) o escritor sente prazer — às vezes um prazer puramente auditivo — com incessantes enumerações.[2]

À sua maneira, as listas práticas representam uma forma, pois conferem unidade a um conjunto de objetos que, por mais diferentes, são objeto de uma *pressão contextual* — o que significa que estão relacionados uns aos outros simplesmente por estarem no mesmo lugar, ou por constituírem a finalidade de determinado projeto (um exemplo seria a lista de convidados de uma festa). Uma lista prática nunca é incongruente, desde que possamos identificar o critério que presidiu a sua montagem. No romance *The Bridge of San Luis Rey* [A ponte de San Luis Rey], de Thornton Wilder, um grupo de pessoas nada tem em comum exceto o *fato acidental* de estarem atravessando a ponte no exato momento em que ela cai.

Um bom modelo da lista prática é a famosa enumeração de Leporello no *Don Giovanni* de Mozart. Don Giovanni seduziu muitas camponesas, criadas, damas da cidade, condessas, baronesas, marquesas, princesas — mulheres de todas as posições, formas e idades. Mas Leporello é um escriturário rigoroso, e seu catálogo é matematicamente completo:

Na Itália, seiscentas e quarenta,
Na Alemanha, duzentas e trinta e uma,
Cem na França, noventa e uma na Turquia,
Mas na Espanha já são mil e três.

O que totaliza 2.065, nem mais, nem menos. Se Don Giovanni viesse a seduzir Donna Anna ou Zerlina no dia seguinte, haveria uma nova lista.

É evidente por que as pessoas fazem listas práticas. Mas por que fazem listas poéticas?

A retórica da enumeração

Como disse, os escritores fazem listas quando a relação de itens com os quais estão lidando é tão vasta que foge à sua capacidade de controlá-la, ou então quando se enamoram do som das palavras que dão nome a uma série de coisas. Neste último caso, passamos de uma lista dizendo respeito a *referentes* e *significados* a uma lista dizendo respeito a *significantes*.

Vejamos a genealogia de Jesus no início do Evangelho segundo Mateus. Somos livres para duvidar da existência histórica de muitos desses antepassados, mas certamente Mateus (ou alguém no seu lugar) queria introduzir pessoas "reais" no mundo das suas crenças, de modo que a lista tinha um valor prático e uma função referencial. Em contraste, as Ladainhas da Santa Virgem — um catálogo de atributos tomados de empréstimo a passagens da Escritura ou à tradição e à devoção popular — devem ser recitadas como um mantra, exatamente como o "Om mani padme hum" dos budistas. Não importa tanto se a *virgo* é *potens* ou *clemens* (de qualquer maneira, até o concílio Vaticano II, as ladainhas eram recitadas em latim pelos fiéis, que em sua maioria não entendiam essa língua). O que importa é que a pessoa seja tomada pelo som hipnótico da lista. Exatamente como no caso das Ladainhas dos Santos, o que importa não é quais nomes estão presentes ou ausentes, mas o fato de serem enunciados de forma rítmica por um tempo longo o bastante.

Este último tipo de motivação é que veio a ser amplamente analisado e definido por antigos retóricos, que examinaram muitos casos nos quais era menos importante apontar quantidades inexauríveis que atribuir propriedades a coisas de uma forma agregativa, muitas vezes pelo simples prazer da repetição.

As diferentes formas de listas consistiriam em geral em *acumulações* — quer dizer, sequências e justaposições de termos linguísticos pertencentes à mesma esfera conceitual. Uma dessas formas de acumulação era conhecida como *enumeratio*, que aparece com regularidade na literatura medieval. Às vezes os termos da lista parecem carecer de coerência e homogeneidade, pois o objetivo é definir as propriedades de Deus — e Deus, segundo Pseudo--Dionísio o Areopagita, só pode ser descrito por meio de imagens diferentes. Assim, no século V, Enódio escreveu que Cristo era "fonte, caminho, direito, rocha, leão, portador da luz, cordeiro; porta, esperança, virtude, palavra, sabedoria, profeta; vítima, descendente, pastor, montanha, armadilha, pombo; chama, gigante, águia, esposo, paciência, verme".[3] Listas assim, como as Ladainhas da Virgem, são chamadas *panegíricas* ou *encomiásticas*.

Outra forma de acumulação são as *congéries* — uma sequência de palavras ou frases significando todas a mesma coisa, e na qual o mesmo pensamento é reproduzido uma infinidade de maneiras. Isto corresponde ao princípio da "amplificação oratória", que tem famosa ilustração na primeira oração de Cícero contra Catilina no Senado romano (63 a.C.):

> Até quando, Catilina, pretendes abusar da nossa paciência? Por quanto tempo haverá tua loucura de zombar de nós? Quando chegará ao fim essa tua audácia desenfreada, fanfarronando como agora? Não têm os guardas noturnos posicionados no Palatino — não têm os vigias distribuídos pela cidade — não têm o alarme do povo e a união dos homens bons — nem a precaução de reunir o senado neste lugar mais suscetível de ser defendido — nem o aspecto e a feição deste venerável organismo aqui presente algum efeito sobre ti? Acaso não percebes que teus planos foram detectados? Não vês que tua conspiração já foi impedida e tornada impotente pelo conhecimento que cada um aqui tem dela?[4]

E assim por diante.

Uma forma ligeiramente diferente é o *incrementum*, também conhecido como *climax* ou *gradatio*. Embora ainda se refira ao mesmo campo conceitual, a cada passo ela diz algo mais, ou com maior intensidade. Um exemplo pode ser encontrado, mais uma vez, na primeira oração de Cícero contra Catilina: "Nada fazes, nada planejas, nada pensas que eu não só não ouça, como não veja e não conheça nos menores detalhes."[5]

A retórica clássica também define a enumeração por *anáfora* e a enumeração por *assíndeto* ou *polissíndeto*. Anáfora é a repetição da mesma palavra no início de cada frase ou verso. O que pode nem sempre constituir o que chamaríamos de uma lista. Temos um belo exemplo de anáfora no poema "Possibilidades", de Wislawa Szymborska.

Eu prefiro filmes.
Eu prefiro gatos.
Eu prefiro os carvalhos à beira do Warta.
Eu prefiro Dickens a Dostoievski.
Eu prefiro eu mesma gostando das pessoas a eu mesma amando a humanidade.
Eu prefiro ter sempre agulha e linha à mão, para uma eventualidade.
Eu prefiro a cor verde.

E assim por diante, ao longo de mais 26 linhas.[6]

Assíndeto é uma estratégia retórica que elimina conjunções entre elementos de uma série. Um bom exemplo é o clássico início do *Orlando Furioso*, de Ariosto: "Le dame, i cavalier, l'arme, gli amori / le cortesie, le audaci imprese io canto."[7]

O oposto de assíndeto é polissíndeto, que liga *todos* os elementos com conjunções. No Livro 2 do *Paraíso perdido*, de Milton, a linha 949 ilustra o assíndeto, seguido na linha seguinte do polissíndeto:

Com cabeça, mãos, asas ou pés segue seu caminho
E nada ou afunda, ou chapinha, ou rasteja, ou voa.

Mas na retórica tradicional não há uma definição específica da vertiginosa voracidade com que nos deparamos às vezes numa lista — especialmente longas listas de coisas variadas, como nesta breve passagem do romance *O cavaleiro inexistente*, de Italo Calvino:

> Você precisa entender: nós somos camponesas. [...] À parte serviços religiosos, tríduos, novenas, o trabalho no campo, a debulha, a vindima, os criados chicoteados, incesto, incêndios, enforcamentos, exércitos invasores, saques, estupros e peste, nós não vimos nada.[8]

Ao preparar minha tese de doutorado sobre a estética medieval, li muita poesia medieval e descobri como a Idade Média adorava as enumerações. Veja-se, por exemplo, este elogio da cidade de Narbona por Sidônio Apolinário, que viveu no século V d.C.:

> Salve Narbo, potens salubritate, urbe et rure simul bonus videri, muris, civibus, ambito, tabernis, portis, porticibus, foro theatro, delubris, capitoliis, monetis, thermis, arcubus, horreis, macellis, pratis, fontibus, insulis, salinis, stagnis, flumine, merce, ponte, ponto; unus qui venerere iure divos Laeneum, Cererem, Palem, Minervam spicis, palmite, pascuis, trapetis.

Não é preciso entender latim para apreciar uma lista assim. O que importa é a obstinação da enumeração; o tema da lista — no caso, os elementos arquitetônicos da cidade — é irrelevante. O único verdadeiro objetivo de uma boa lista é transmitir a ideia de infinidade e vertigem do *et cetera*.

Ao avançar em idade e sabedoria, descobri as listas de Rabelais e Joyce. As listas representam uma parte imensa da vasta obra de cada um desses autores. Mas como não posso evitar esses modelos, que tiveram um papel decisivo no meu desenvolvimento como escritor, vou aqui citar pelo menos duas passagens.

A primeira é de *Gargântua*:

Então jogava
Sequência
Prima
Geral
Monte
Cento
Desgraçado
Tarado
Macho
Despojado
Tormento
Ronco
Glic
Honras
Focinho

Passa-dez
Trinta-e-um
Par-e-sequência
Sequência-e-par
Campainha
Sorte
Três dez
Mesa
Nique-noque
Trezentos
Desgraçado
Condenada
Carta-virada
Lansquenet
Corno
Casamento
Passa-alegre
Opinião
O-que-faz-um-faz-o-outro
Compadre-me-dá-seu-saco
Colhão-de-carneiro
Bota-fora
Mosca
Arqueiro
Esfola-a-raposa
Barba-de-bode
Raposa
Jogo-do-homem
Vaca
Branco
Lourche
Barignin
Toda-a-mesa
Mesa-rebatida
Reniguebieu
Forçado
Damas
Babou
Primus secundus
Pied-de-cousteau
Chaves
Par-ou-não
Cara-ou-coroa
Martres
Pingres
Quilha
Savata
Coruja
Dengoso-de-lebre
Puxa-puxa [...][9]

E assim por diante, ao longo de várias outras páginas.

O segundo trecho vem de *Ulysses*, de Joyce, e representa uma pequena parte do 17º capítulo (que tem mais de cem páginas). Ele enumera apenas alguns dos itens que Bloom pode encontrar em seu armário de cozinha:

> Que continha aberta a primeira gaveta? Um caderno manuscrito Vere Foster, propriedade de Milly (Millicent) Bloom, certas páginas do qual traziam esboços diagramados marcados de Papaizinho, que mostravam

uma grande cabeça globular com cinco pelos erectos, dois olhos de perfil, o tronco de frente com três botões grandes, um pé triangular: duas fotografias esmaecidas da rainha Alexandra da Inglaterra e de Maud Branscombe, atriz e beleza profissional: um cartão de Natal, trazendo numa representação pictórica com uma planta parasítica a legenda *Mizpah*, a data Natal 1892, o nome dos remetentes, de Sr. e Sra. Comerford, o versículo: *Possa o Natal para ti ser Paz e harmonia com prazer*: um coto de cera de lacre vermelho parcialmente liquefeito, obtido do departamento de estoques dos Srs. Hely's, Ltd., 89, 90 e 91, rua Dame: uma caixa contendo o resto de uma grosa de penas 'J' douradas, obtidas do mesmo departamento da mesma forma: uma velha ampulheta que rodava contendo areia que rodava: uma profecia lacrada (nunca deslacrada) escrita por Leopold Bloom em 1866 concernente às consequências da aprovação em lei do projecto de Autonomia de 1886, de William Ewart Gladstone (nunca aprovado em lei): um bilhete de quermesse nº 2004, da Feira de Caridade de S. Kevin, preço 6 p., cem prémios: uma epístola infantil, datada, esse pequeno segunda-feira, rezando: pê maiúsculo Papaizinho vírgula cê maiúsculo Como vai ponto de interrogação ê maiúsculo Eu vou muito bem ponto final novo parágrafo assinatura com floreios eme maiúsculo Milly sem ponto: um broche camafeu, propriedade de Ellen Bloom (nascida Higgins), falecida: três cartas dactilografadas, destinatário, Henry Flower, a/c P.R. Westland Row, remetente, Martha Clifford, a/c P.R. Dolphin's Barn: o nome e endereço transliterados da remetente das três cartas em criptograma reservado alfabético bustrofedôntico punctuado quadrilinear (vogais suprimidas) N.IGS./ WI.UU. OX/W.OKS. MH /Y.IM: um recorte de jornal de um periódico semanal inglês *Sociedade Moderna*, assunto castigos corporais em escolas de meninas: uma faixa vermelha que festonara um ovo de Páscoa no ano de 1889; dois preservativos de borracha parcialmente desenrolados e cápsulas de reserva, adquiridos por correio da Caixa Postal 32, P.R., Charing Cross, Londres, W.C.: um pacote de uma dúzia de envelopes creme e papéis palidipautados, linha-d'água, agora reduzidos de três: algumas moedas austro-húngaras sortidas: dois bilhetes da Loteria Real Privilegiada Húngara: um vidro de aumento de baixo poder [...][10]

Sob essas influências, e dotado de um gosto rabelaisiano pela acumulação, no início da década de 1960 escrevi uma carta ao meu filho (na época com 1 ano de idade) dizendo que queria o mais breve possível dar-lhe muitas armas de brinquedo, para torná-lo um decidido pacifista quando crescesse. Eis o arsenal que mencionei:

> Então seus presentes serão armas. Espingardas de cano duplo. Armas de repetição. Submetralhadoras. Canhões. Bazucas. Sabres. Exércitos de soldados de chumbo em uniforme de combate. Castelos com pontes levadiças. Fortalezas para sitiar. Casamatas, paióis de pólvora, contratorpedeiros, jatos. Metralhadoras, adagas, revólveres. Colts e Winchesters. Chasepots, 91s, Garands, bombas, arcabuzes, colubrinas, estilingues, arcos e flechas, balas de chumbo, catapultas, tições, granadas, atiradeiras, espadas, lanças, aríetes, alabardas e ganchos de escalada. E moedas espanholas, iguais às do Capitão Flint (em memória de Long John Silver e Ben Gunn), e punhais, do tipo de que Don Barrejo tanto gostava, e espadas de toledo para lançar longe três pistolas de uma vez e derrubar o Marquês de Montelimar, ou usar o ataque simulado napolitano com o qual o Barão de Sigognac acabou com o maldoso rufião que tentou tomar-lhe sua Isabelle. E haverá machados de guerra, partasanas, misericórdias, krises, azaiagas, cimitarras, dardos e bengalas de lâmina como a que John Carradine segurava ao ser eletrocutado no terceiro trilho — e se alguém não se lembra disso, tanto pior. E cutelos de pirata de fazer Carmaux e Van Stiller empalidecer, e pistolas damasquinadas como Sir James Brook nunca viu (caso contrário não teria desistido diante do enésimo e sardônico cigarro do português); e estiletes de lâmina triangular, como aquele com que o discípulo de Sir William, ao suave cair da noite em Clignancourt, matou o assassino Zampa, que matara sua mãe, a velha e sórdida Fipart; e *poires d'angoisse* como as que foram enfiadas na boca do carcereiro La Ramée enquanto o Duque de Beaufort, com os pelos de sua barba acobreada ainda mais fascinantes graças à constante atenção de um pente de chumbo, se afastava a cavalo, prevendo com alegria a ira de Mazarin; e armas carregadas de pregos, a serem disparados por homens de dentes vermelhos com manchas de pimenta; e revólveres com coronha de madrepérola, presos a puros-sangue árabes de pele brilhante; e arcos de flecha da velocidade da luz, de deixar verde de inveja o xerife de Nottingham; e facões de escalpelo como os de Minnehaha ou (como você é bilíngue) Winnetou. Uma pequena pistola chata a ser presa a um colete por baixo de uma sobrecasaca, para as proezas de um ladrão cavalheiro, ou uma robusta Luger pesando no bolso ou debaixo da axila, *à La* Michael Shayne.

E escopetas dignas de Jesse James e Wild Bill Hickok, ou Sambigliong. Em outras palavras, armas. Muitas armas. Esses, meu garoto, serão os pontos altos das suas noites de Natal.[11]

Ao começar a escrever *O nome da rosa*, tomei de empréstimo a crônicas antigas os nomes de vários tipos de vagabundos, ladrões e heréticos ambulantes, para dar uma ideia da grande confusão social e religiosa que prevalecia na Itália do século XIV. Minha lista se justificava pela quantidade dessas pessoas irregulares e errantes, mas é evidente que me permiti expandir a miscelânea por apreço ao *flatus vocis* — o puro prazer do som.

Com palavras truncadas, empenhando-se em recordar o pouco que sabia de provençal e dos dialetos italianos, contou-me a história de sua fuga do vilarejo natal, e seu perambular pelo mundo. E em sua narrativa reconheci muitos que já conhecera ou encontrara pelo caminho, e muitos outros que vim a conhecer depois e reconheço agora [...]

[...] Salvatore viajou por várias terras, desde seu Monferrato natal até a Ligúria, e depois para cima, da Provença até as terras do rei de França.

Salvatore vagou pelo mundo, mendigando, gatunando, fingindo-se doente, pondo-se ao serviço transitório de algum senhor, tomando novamente o caminho da floresta, da estrada principal. Pela narrativa que me fez pude vê-lo associado aos bandos de vagabundos que depois, nos anos que se seguiram, vi cada vez mais circular pela Europa: falsos monges, charlatães, embrulhões, truões esfarrapados e maltrapilhos, leprosos e estropiados, ambulantes, vagabundos, cantadores, clérigos sem pátria, estudantes itinerantes, trapaceiros, malabaristas, mercenários inválidos, judeus errantes, salvos dos infiéis com o espírito destruído, sandeus, fugitivos perseguidos por bandos, malfeitores de orelhas cortadas, sodomitas, e entre eles artesãos ambulantes, tecelões, caldeireiros, cadeireiros, amoladores, empalhadores, pedreiros, e ainda biltres de todo feitio, trapaceiros, birbantes, vigaristas, velhacos, galhofeiros, guiões, alcoviteiros, saltimbancos, andarilhos, esmoleres, e cônegos e padres simoníacos e traficantes, e gente que vivia da credulidade alheia, falsários de bulas e selos papais, vendedores de indulgências, falsos paralíticos que se estendiam às portas das igrejas, trânsfugas dos conventos, vendedores de relíquias, adivinhos e quiromantes, nicromantes, curandeiros, falsos esmoleres, e fornicadores de toda laia, corruptores de monjas e de donzelas com enganos e violências, simuladores de hidropisia, epilepsia, hemorroidas, gota e chagas, e mais loucura melancólica. Havia os que se aplicavam emplastros no corpo para fingir úlceras incuráveis, outros que enchiam a boca de uma substância cor de sangue para simular hemoptises de tuberculose, velhacos que fingiam ser fracos de um dos membros, trazendo bastões sem necessidade e simulando a epilepsia, sarnas, tumores, inchaços, aplicando bendas, tinturas de açafrão, trazendo ferros nas mãos, faixas na cabeça, introduzindo-se fedorentos nas igrejas e deixando-se cair de repente nas praças, babando e arregalando os olhos, lançando sangue pelas narinas, feito de suco de amoras e colorau, para arrancar comida ou dinheiro das gentes tementes que lembravam os convites dos santos padres à esmola: divide com o esfaimado o seu pão, leva para casa quem não tem teto, visitemos Cristo, acolhamos Cristo, vistamos Cristo, porque como a água purga o fogo assim a esmola purga os nossos pecados.

Mesmo depois dos fatos que estou narrando, ao longo do curso do Danúbio, vi muitos e ainda os vejo desses charlatães que tinham seus nomes e suas subdivisões em legiões, como os demônios: capadores, lotores, protomédicos, pauperes verecundi, necrófilos, afrates, atrementes, cruzados, alacerbados, relicários, afarinhados, sedutores, iuccos, coquinos, spectinos, mutuadores e atarantados, acones e admiracti, cagnabaldos, falsobordones, advindos, alacrimantes e afarfantes.

Era como um lodo que escorria pelas veredas do nosso mundo, e entre eles insinuavam-se pregadores em boa-fé, hereges em busca de novas presas, provocadores de discórdia. [...]

[...] começara a fazer parte de seitas e grupos penitenciais cujos nomes ele estropiava, definindo também de modo bastante impróprio a doutrina. Deduzi daí que tinha encontrado paterinos e valdenses, e talvez cátaros, arnaldistas e humilhados, e que vagando pelo mundo passara de grupo em grupo, assumindo gradualmente como missão a sua condição de andarilho, e fazendo pelo Senhor o que antes fazia por seu ventre.[12]

Forma e lista

Só mais tarde comecei a pensar numa possível semiótica das listas, ao escrever sobre as "acumulações" do artista francês Arman: montagens — listas tangíveis — de vários tipos de óculos ou relógios de pulso comprimidos numa embalagem de plástico. Na época, eu refletia sobre o fato de a primeira ocorrência de uma lista como dispositivo literário estar registrada em Homero: o chamado catálogo de navios no Livro 2 da *Ilíada*.[13] Na verdade, Homero nos oferece uma linda oposição entre a representação de uma forma completa e finita e a de uma lista incompleta e potencialmente infinita.

Uma forma completa e finita é o escudo de Aquiles no Livro 18 da *Ilíada*. Hefesto divide esse imenso escudo em cinco zonas, descrevendo duas cidades populosas. Na primeira, retrata uma festa de casamento e um foro lotado no qual transcorre um julgamento. A segunda cena mostra um castelo cercado; nos baluartes, esposas, donzelas e velhos observam a ação. Lideradas por Minerva, as forças inimigas avançam e, enquanto a população conduz o gado para um rio, prepara uma emboscada. Segue-se uma grande batalha. Hefesto então esculpe um fértil e bem arado campo de grãos atravessado pelos agricultores e seus bois; um vinhedo cheio de uvas maduras, ramos dourados e videiras subindo por hastes prateadas, tendo ao redor uma cerca de ferro forjado; um rebanho bovino feito de ouro e lata correndo para o pasto pela margem de um rio, cujas águas passam pelos juncos. De repente, dois leões aparecem e saltam sobre as novilhas e o touro, ferindo-o e arrastando-o enquanto brame horrivelmente. Quando os vaqueiros se aproximam com seus cães, os animais selvagens estão devorando o touro estripado, e os mastins limitam-se a latir, impotentes. O painel final de Hefesto apresenta um rebanho de carneiros na paisagem de um vale bucólico salpicado de choupanas e pastos cercados e jovens e virgens dançando. Estas vestem túnicas diáfanas e trazem guirlandas na cabeça; aqueles trajam gibões, com adagas douradas na cintura; todos giram e giram como a roda do oleiro. Muitas pessoas observam a dança, após a qual aparecem três acrobatas que cantam ao apresentar seus números. O imenso rio Oceano contorna cada cena, separando o escudo do restante do universo.

Meu resumo está incompleto: o escudo tem tantas cenas que, a menos que imaginemos Hefesto usando uma ourivesaria cada vez mais microscópica, é difícil contemplar o objeto em toda a sua riqueza de detalhes. Além disso, o retrato ocupa não só o espaço como o tempo: os diferentes acontecimentos se sucedem, como se o escudo fosse uma tela de cinema ou uma longa tira de histórias em quadrinhos. A perfeita natureza circular do artefato sugere que nada mais há além dos seus limites: trata-se de uma forma *finita*.

Homero pôde imaginar esse escudo porque tinha uma ideia clara da cultura agrícola e militar da sua época. Conhecia o seu mundo; conhecia suas leis, causas e efeitos. Por isto foi capaz de *lhe conferir uma forma*.

No Livro 2, Homero quis transmitir a impressão da magnitude do exército grego, dando uma ideia da massa de homens que os aterrorizados troianos viram espraiar-se pelo litoral. Inicialmente, ele tenta uma comparação com um bando de gansos ou garças parecendo cruzar o céu como um trovão, mas não consegue se socorrer de nenhuma boa metáfora, e então pede ajuda às Musas:

> E agora, Ó Musas, moradoras das mansões do Olimpo, dizei-me — pois sois deusas e estais em toda parte, de modo que vedes todas as coisas, ao passo que nós nada sabemos senão por meio de relatos — quem eram os chefes e príncipes dos dânaos? Quanto aos soldados comuns, eram de tal ordem que eu não poderia nomear cada um deles ainda que tivesse dez línguas, e ainda que minha voz não me faltasse e meu coração fosse de bronze no meu peito, a menos que vós, Ó Musas olimpianas, filhas de Júpiter com seu escudo, os contassem para mim. Todavia, direi os capitães dos navios e toda a esquadra reunida.

Fica parecendo um atalho, mas o atalho o conduz por quase trezentas linhas do original grego, para levar em conta 1.186 navios. Aparentemente, a lista é finita (não devia haver outros capitães e outros navios), mas, como ele não é capaz de dizer quantos homens serviam sob o comando de cada líder, o número a que se refere ainda é indefinido.

O inefável

Com seu catálogo de navios, Homero não nos dá apenas um esplêndido exemplo de lista, mas também apresenta o que tem sido chamado de "*tópos* da inefabilidade".[14] Esse *tópos* ocorre várias vezes em Homero (por exemplo, na *Odisseia*, Livro 4, linhas 273ss: "Não posso realmente mencionar cada uma das proezas de Ulisses..."); e às vezes o poeta — defrontando-se como uma infinidade de coisas ou acontecimentos a serem mencionados — decide guardar silêncio. Dante não se sente capaz de mencionar todos os anjos do Céu, pois não conhece seu vasto número (no Canto 29 do *Paraíso*, está dito que ele ultrapassa a capacidade da mente humana). Assim, o poeta, defrontado com o inefável, em vez de tentar compilar uma série incompleta de nomes, prefere expressar o êxtase da inefabilidade. No máximo, para dar uma ideia do incalculável número de anjos, faz alusão à lenda na qual o inventor do xadrez pedia ao rei da Pérsia, como recompensa por sua invenção, que lhe desse um grão de trigo pela primeira casa do tabuleiro, dois pela segunda, quatro pela terceira e assim sucessivamente, até a 64ª, com isto alcançando uma quantidade astronômica de grãos: "Em quantidade a contagem milionária / Mais que multiplicou o tabuleiro quadriculado."[15]

Em outros casos, pelo menos num ponto, inseri uma lista simplesmente por estar deslumbrado com o sentimento do inefável. Eu não estava passeando pelo Céu, como Dante, mas visitava em esfera mais terrestre os recifes de coral dos mares do Sul. Foi quando estava escrevendo *A ilha do dia anterior*, e fiquei com a impressão de que nenhuma língua humana seria capaz de descrever a abundância, a variedade, as cores incríveis dos corais e peixes da região. Mas ainda que eu tivesse sido capaz de fazê-lo, meu personagem Roberto, abandonado perdido naquele litoral no século XVII e provavelmente o primeiro ser humano a visitar esses recifes, não teria encontrado palavras para expressar seu êxtase.

Meu problema era que os corais dos mares do Sul apresentam uma infinidade de matizes (as pessoas que só viram os pobres corais de outros mares não podem ter uma ideia real do que isto significa), e eu era obrigado a representar as cores com palavras, por meio do dispositivo retórico conhecido como hipotipose. O desafio consistia em evocar uma enorme variedade de cores por meio de uma grande variedade de palavras, jamais usando o mesmo termo duas vezes e buscando sinônimos.

Aqui vai uma parte da minha dupla lista de corais (e peixes) e palavras:

> Por um trecho, viu somente manchas; depois, como quem chega navegando em noite nebulosa diante de uma falésia que, de repente, se perfila em face do navegador, viu a beira do abismo sobre o qual estava nadando.

Retirou a máscara, esvaziou-a, tornando a colocá-la com as mãos e, com lentos passos, foi ao encontro do espetáculo que havia apenas entrevisto.

Eram aqueles, então, os corais! Sua primeira impressão foi, a julgar por suas notas, confusa e atônita. Teve a impressão de encontrar-se num bazar de um mercador de tecidos, que drapeava, diante de seus olhos, cendais e tafetás; brocados, cetins, damascos, veludos e laços; franjas e retalhos; depois, estolas, pluviais, casulas, dalmáticas. Mas os tecidos moviam-se com vida própria, com a sensualidade de dançarinas orientais.

Naquela paisagem, que Roberto não sabe descrever por ser a primeira vez que a vê, e não encontra na memória imagens para traduzir em palavras, eis que repentinamente irrompe uma fileira de seres, os quais — estes sim — ele podia reconhecer, ou pelo menos comparar a alguma coisa já vista. Eram peixes que se entremeavam como estrelas cadentes no céu de agosto; mas, ao compor e combinar os tons e os desenhos de suas escamas, parecia que a natureza tivesse querido mostrar a variedade de mordentes que existe no Universo, e quantos podem estar, juntos, numa única superfície.

Havia peixes listrados de muitas cores, alguns ao longo, outros ao largo, enviesados e ondulados. Ou como que marchetados com manchas diminutas, caprichosamente ordenadas, alguns granulados, mosqueados, outros malhados, saraivados e minuciosamente pontilhados, ou atravessados por veios como o mármore.

Outros, ainda, com desenho de serpentinas, ou trançados com vários anéis; outros cravejados de esmaltes, disseminados com escudos e rosetas. E o mais belo de todos parecia totalmente envolvido por cordõezinhos, que formavam duas fileiras de uva e leite; e era um milagre que nem mesmo uma só vez descuidassem de voltar por sobre o fio que se enrolara por baixo, como se fosse o trabalho da mão de um artista.

Só, naquele momento, vendo além dos peixes, as formas coralinas que antes não pudera reconhecer, Roberto divisava pencas de bananas, cestos de migalhas de pão, cabazes de nêsperas bronzeadas, sobre as quais passavam sardões, colibris e canarinhos.

Estava sobre um jardim; não, enganara-se, agora parecia uma floresta petrificada, feita de ruínas de cogumelos; nada disso, fora enganado novamente, agora eram colinas, escarpas, dobras, despenhadeiros, cavidades e cavernas, um só resvalar de pedras vivas, sobre as quais uma vegetação não terrestre compunha-se de formas amassadas, redondas ou escamosas, que pareciam estar vestindo uma cota de granito, nodosas ou agachadas. Mas, embora diversas, eram todas estupendas em beleza e garbo, de tal modo que mesmo aquelas trabalhadas com falsa negligência, inacabadas, revelavam sua majestática rudez, e pareciam monstros, mas de grande beleza.

Ou ainda (Roberto apaga e corrige a si mesmo e não consegue relatar, como quem deve descrever pela primeira vez um círculo quadrado, uma costa plana, um ruidoso silêncio, um arco-íris noturno) aquilo que via eram arbustos de cinabre.

Talvez, à força de prender a respiração, obnubilara-se; a água que lhe invadia a máscara confundia-lhe as formas e as nuances. Pusera a cabeça de fora para encher de ar os pulmões e voltara a flutuar nas bordas da barreira, acompanhando falhas e depressões, lá onde se abriam corredores de greda, nos quais se enfiavam arlequins avinhados; enquanto isso numa escarpa via repousar, movido por lenta respiração e agitar de quelas, um camarão cristado de nata, sobre uma rede de corais (estes parecidos com aqueles que já conhecia, dispostos como o queijo de Frade Estêvão, que nunca termina).

O que via agora não era um peixe, nem tampouco uma folha; era, decerto, uma coisa viva, como duas largas fatias de matéria alvejante, bordadas de carmesins, e um leque de plumas; e onde teríamos esperado ver olhos, dois chifres de lacre balançavam.

Pólipos aleonados, que em sua lascívia vermicular revelavam o encarnado de um grande lábio central, roçavam plantações de mêntulas albinas com a glande de amaranto; peixinhos rosados e salpicados de coloração olivácea roçavam couve-flores cinéreas borrifadas de escarlate, tubérculos tigrados de ramagens negrejantes... E depois se via o fígado poroso de coloração cólquica de um grande animal, ou, talvez, um fogo de artifício de arabescos de mercúrio, hispidume de espinhas salpicadas de sanguíneo e, afinal, uma espécie de cálice de flácida madrepérola...

Aquele cálice pareceu-lhe, num certo momento, uma urna, e pensou que entre aquelas rochas estivesse inumado o cadáver do padre Caspar. Já não seria mais visível, se a ação da água o tivesse coberto desde o início com a cartilagem coralina, mas os corais, absorvendo os humores terrestres daquele corpo, haviam tomado forma de flores e frutos de jardim. Talvez, em breve, ele reconheceria o pobre velho, transformado numa criatura, até então estranha lá embaixo: a esfera da cabeça fabricada com um coco peluginoso; dois pomos secos formando as maçãs do rosto, olhos e pálpebras transformadas em dois abricós imaturos; o nariz de serralha verrugosa, como o esterco de um animal; um pouco abaixo, no lugar dos lábios, figos secos; uma beterraba com seu tronco apical no lugar do queixo; um cardo rugoso servindo de garganta; nas têmporas, dois ouriços de castanha compunham as madeixas; por orelhas, duas cascas de uma noz partida; como dedos, cenouras; de melancia, o ventre; os joelhos, de marmelo.[16]

Listas de coisas, pessoas e lugares

A história da literatura está cheia de coleções obsessivas de objetos. Às vezes são coisas fantásticas, como as que, segundo Ariosto, foram encontradas na Lua por Astolfo, que lá fora recuperar a inteligência de Orlando. Às vezes são perturbadoras, como a lista de substâncias malignas usadas pelas feiticeiras no Ato 4 de *Macbeth*. Às vezes são êxtases de perfumes, como a coleção de flores descrita por Giambattista Marino em seu *Adônis* (Parte 6, 115-119). Às vezes são pequenas mas essenciais, como a coleção de destroços do naufrágio que permite a Robinson Crusoé sobreviver em sua ilha, ou o humilde tesourinho que Mark Twain nos diz ter sido reunido por Tom Sawyer. Às vezes são incrivelmente normais, como a gigantesca coleção de coisas insignificantes na cozinha de Leopold Bloom. Às vezes são tocantes, não obstante uma imobilidade algo museológica, quase fúnebre, como a coleção de instrumentos musicais descrita por Thomas Mann no capítulo 7 de *Doutor Fausto*.

O mesmo se aplica aos lugares. Também aqui, os escritores recorrem ao *et cetera* da lista. No capítulo 27 de Ezequiel há uma lista de propriedades para dar uma ideia da grandeza de Tiro. Dickens, no primeiro capítulo de *A casa abandonada*, esforça-se por mostrar uma Londres com características tornadas invisíveis pela névoa que domina a cidade. Poe, em "O homem da multidão", volta seu olhar visionário para uma série de indivíduos que percebe de maneira compacta como uma "multidão". Proust (*No caminho de Swann*, capítulo 3) rememora a cidade da sua infância. Calvino (*As cidades invisíveis*, capítulo 9) evoca as cidades sonhadas pelo Grande Khan. Blaise Cendrars (*La Prose du Transsibérien*) retrata a ruidosa travessia das estepes siberianas num trem, através da rememoração de vários lugares. Whitman — celebrado como o poeta que se superava, e era o mais excessivo, na composição de listas vertiginosas — empilhou objetos para festejar seu país natal:

O machado salta!
A floresta sólida fornece fluidas palavras,
Elas rolam adiante, elas se erguem, ganham forma,
Cabana, tenda, plataformas, estudos,
Mangual, arado, pá, picão, pé de cabra,
Sarrafo, cerca, estaca, lambril, ripa, umbral, cumeeira,
Cidadela, telhado, salão, academia, órgão, salão de exibições, biblioteca,
Cornija, treliça, pilastra, balcão, janela, torreão, pórtico,
Enxada, ancinho, forcado, lápis, cajado, carroça, serra, plaina, marreta,
[cunha, manilha,
Cadeira, tina, argola, mesa, cancela, cata-vento, caixilho, piso,
Estojo de costura, baú, instrumento de corda, bote, estrutura, e o que seja,
Capitólios dos Estados e capitólio da nação dos Estados,
Longos e majestosos passeios nas avenidas, hospitais para os órfãos e para os pobres e doentes,
Os vapores e veleiros de Manhattan tomando as medidas de todos os mares.[17]

Em matéria de acumulação de lugares, em *O noventa e três*, de Victor Hugo (parte 1, capítulo 3), encontramos uma singular lista de localidades da Vendeia que o marquês de Lantenac transmite oralmente ao marinheiro Halmalo, para que possa passar por todas elas levando a ordem da insurreição. É evidente que o pobre Halmalo jamais seria capaz de se lembrar da gigantesca lista, e Victor Hugo certamente não espera que tampouco o leitor seja capaz. A extensão da lista de nomes de lugares pretende simplesmente transmitir a ideia do enorme alcance da rebelião popular.

Outra estonteante lista de lugares é estabelecida por Joyce no capítulo de *Finnegans Wake* intitulado “Anna Livia Plurabelle”, no qual, para dar uma ideia do fluir do rio Liffey, ele inseriu centenas de nomes de rios de todo o mundo, disfarçados como trocadilhos ou palavras-valise. Não é fácil para o leitor reconhecer rios praticamente desconhecidos em nomes como Chebb, Futt, Bann, Duck, Sabrainn, Till, Waag, Bomu, Boyana, Chu, Batha, Skollis,

Shari, Sui, Tom, Chef, Syr Darya, Ladder Burn e assim por diante. Como as traduções de "Anna Livia" em geral são bastante livres, uma referência a determinado rio pode, numa edição em língua estrangeira, aparecer em localização diferente do seu lugar no texto original, ou até ser totalmente alterada. Na primeira tradução italiana, feita com a colaboração do próprio Joyce, encontramos referências a rios italianos como Serio, Pó, Serchio, Piave, Conca, Aniene, Ombrone, Lambro, Taro, Toce, Belbo, Sillaro, Tagliamento, Lamone, Brembo, Trebbio, Mincio, Tidone e Panaro — nenhum dos quais aparece no texto em inglês.[18] O mesmo aconteceu com a primeira e histórica tradução francesa.[19]

Essa lista dá a impressão de ser potencialmente infinita. Não só o leitor precisa esforçar-se para identificar todos os rios, como desconfiamos até que os críticos identificaram mais rios do que os explicitamente mencionados por Joyce. E também desconfiamos que, em consequência das possibilidades combinatórias apresentadas pelo alfabeto inglês, eles podem ser em número muito maior que o imaginado pelos críticos ou Joyce.

Esse tipo de lista é difícil de classificar. Decorre da voracidade, do *tópos* da inefabilidade (ninguém é capaz de dizer quantos rios existem no mundo) e do puro gosto das listas. Joyce deve ter labutado muito para encontrar todos esses nomes de rios, solicitando a colaboração de muitas pessoas. E certamente não o fez por ser um apaixonado pela geografia. É provável que simplesmente não quisesse que a lista tivesse um fim.

Em última análise, temos um vislumbre do lugar dos lugares: o universo inteiro. Borges, em seu conto "O Aleph", o vê através de uma pequena fenda, como uma lista destinada a ficar incompleta — uma lista de lugares, pessoas e perturbadoras epifanias. Vê o oceano pulsante, o alvorecer e o pôr do sol, as multidões das Américas, uma teia de aranha prateada no centro de uma pirâmide negra, um labirinto quebrado (que se revela ser Londres), uma infindável série de olhos vistos em primeiríssimo plano, todos os espelhos do planeta, um pátio interno na Calle Soler exibindo as mesmas telhas que ele vira vinte anos antes na entrada de uma casa em Fray Bentos, cachos de uvas, neve, tabaco, veios de metal, vapor d'água, desertos equatorianos convexos e cada um dos seus grãos de areia, uma mulher em Inverness, seus cabelos emaranhados, seu maravilhoso corpo, um câncer no seu seio, um círculo de terra seca numa calçada onde antes havia uma árvore, uma casa de campo em Adrogué, um exemplar da primeira tradução inglesa de Plínio, todas as letras de todas as páginas ao mesmo tempo, dia e noite simultâneos, um pôr do sol em Querétaro que parece refletir a cor de uma rosa em Bengala, seu próprio quarto vazio, um estúdio em Alkmaar contendo um globo do mundo terrestre entre dois espelhos que o multiplicam infinitamente, cavalos com as crinas tremulando ao vento numa praia do mar Cáspio ao alvorecer, os delicados ossos de uma mão, os sobreviventes de uma batalha enviando cartões-postais, uma carta de tarô numa vitrine em Mirzapur, sombras oblíquas de samambaias no piso de uma estufa, tigres, pistões, bisões, marés e exércitos, todas as formigas do planeta, um astrolábio persa, uma gaveta contendo cartas obscenas, inacreditáveis e detalhadas escritas por sua adorada amiga Beatriz Viterbo, um querido monumento no Cemitério de Chacarita, os restos em decomposição do que fora um dia a deliciosa Beatriz, a circulação do seu próprio sangue escuro, os mecanismos e molas do amor e as alterações da morte. Ele vê o Aleph — um dos pontos do espaço que contêm todos os outros pontos — de todos os pontos ao mesmo tempo, a Terra no Aleph, e o Aleph mais uma vez na Terra, e a Terra no Aleph. Contempla seu próprio rosto e suas próprias vísceras, sente-se tonto, chora, pois seus olhos viram o secreto objeto hipotético cujo nome foi usurpado pelos homens, mas no qual nenhum homem jamais deitou verdadeiramente os olhos: o inconcebível universo.[20]

Sempre fui fascinado por essas listas — e acho que estou em boa companhia. Foi certamente sob a influência de Borges que tentei, em *Baudolino*, compor uma geografia imaginária. Baudolino está descrevendo as maravilhas do Ocidente para o filho do Preste João, um leproso fadado a morrer da sua doença e que vive isolado num país lendário do Extremo Oriente. Assim, fala dos lugares e coisas do mundo ocidental do mesmo jeito fabuloso como o mundo medieval ocidental sonhava com o Extremo Oriente:

> [D]escrevia os lugares que vi, de Ratisbona a Paris, de Veneza a Bizâncio, e depois Icônio e a Armênia, e os povos que havíamos encontrado em nossa viagem. Estava condenado a morrer sem jamais ter visto nada senão dos lóculos de Pndapetzim, e eu procurava fazê-lo viver através de minhas

histórias. Quem sabe, até, cheguei a inventar, falei de cidades que jamais visitei, de batalhas em que jamais combati, de princesas que jamais possuí. Contava-lhe as maravilhas das terras onde o sol morre. Fiz com que usufruísse ocasos na Propôntide, reflexos de esmeralda na laguna veneziana, um vale na Hibérnia, onde sete igrejas brancas se espalham às margens de um lago silencioso, entre rebanhos de ovelhas igualmente brancas, contei como os Alpes Pirêneos estão sempre cobertos por uma delicada substância branca, que no verão se dissolve em majestosas cataratas e se perde por rios e riachos, ao longo de declives exuberantes de castanheiros, falei dos desertos de sal que se espraiam nas costas da Apúlia, e o fiz estremecer, evocando mares nos quais jamais naveguei, onde saltavam peixes tão grandes quanto um vitelo, tão mansos que os homens podiam cavalgá-los, narrei as viagens de São Brandão às Ilhas Afortunadas e como um dia, acreditando ter aproado numa terra no meio do mar, descera no dorso de uma baleia, que é um peixe tão grande quanto uma montanha, capaz de engolir um navio inteiro, mas tive de explicar-lhe o que eram navios, peixes de madeira, que sulcavam as águas movendo asas brancas, listei-lhe os animais prodigiosos de minhas terras, o cervo, que tem dois grandes chifres em forma de cruz, a cegonha, que voa de terra em terra, e cuida dos próprios pais senis, carregando-os às costas pelo céu, a joaninha, que se parece com um pequeno cogumelo, vermelha e pontilhada de manchas lácteas, a lagartixa, que é como um crocodilo, mas tão pequena que passa por baixo das portas, o cuco, que põe seus ovos nos ninhos dos outros pássaros, a coruja, de olhos redondos, que parecem duas lâmpadas em plena noite, e vive tomando o azeite das candeias nas igrejas, o ouriço, animal coberto de aguilhões, que chupa o leite das vacas, a ostra, cofre vivo, que produz às vezes uma beleza morta, mas de inestimável valor, o rouxinol, que passa a noite cantando e vive em adoração da rosa, a lagosta, monstro lorigado de um vermelho chamejante, que anda para trás para fugir à caça de quem é ávido de suas carnes, a enguia, assustadora serpente aquática de sabor suculento e refinado, a gaivota, que sobrevoa as águas como se fosse um anjo do Senhor, mas que emite gritos estrídulos como um demônio, o melro, pássaro negro de bico amarelo que fala como nós, sicofanta que conta o que lhe confiou seu dono, o cisne, que sulca, majestoso, as águas de um lago e canta ao morrer, uma doce melodia, a doninha, sinuosa como uma menina, o falcão, que voa a pique sobre a sua presa e a leva até o cavaleiro que o criou. Imaginei o esplendor de joias que ele nunca viu — nem eu com ele —, as manchas purpúreas e lácteas da murra, os veios violáceos e brancos de algumas pedras egípcias, a brancura do oricalco, a transparência do cristal, o fulgor do diamante, depois celebrei o esplendor do ouro, metal delicado que se pode plasmar em folhas finas, o chiado de lâminas incandescentes, quando são imersas dentro d'água para serem temperadas, que inimagináveis relicários se pode ver nos tesouros das grandes abadias, como são altas e pontudas as torres de nossas igrejas, como são altas e retas as colunas do Hipódromo de Constantinopla, que livros leem os judeus, cobertos de sinais que parecem insetos, e que sons produzem quando os leem, como um grande rei cristão recebera de um califa um galo de ferro, que cantava apenas quando o sol nascia, a esfera que roda, arrotando vapor, como queimam os espelhos de Arquimedes, como é assustador ver de noite um moinho de vento, e depois contei-lhe sobre o Greal, dos cavaleiros que ainda estavam a procurá-lo na Bretanha, e de nós que o devolveríamos a seu pai tão logo tivéssemos encontrado o infame Zósimo. Vendo que estes esplendores o fascinavam, mas que a sua inacessibilidade o entristecia, pensei que seria bom, para convencê-lo de que o seu não era o pior tormento, contar-lhe do suplício de Andrônico com tantas minúcias que superavam de longe o que se lhe fizera, dos massacres de Crema, dos prisioneiros com a mão, a orelha e o nariz cortados, fiz brilhar diante de seus olhos doenças inenarráveis, diante das quais a lepra era um mal menor, descrevia-lhe como horrivelmente horríveis a escrófula, a erisipela, a dança de São Vito, o fogo de santo antônio, a mordida da tarântula, a sarna, que faz a coçar toda a pele, a ação pestilenta da áspide, o suplício de Santa Ágata, de quem arrancaram os seios, o de Santa Luzia, de quem arrancaram os olhos, o de São Sebastião, trespassado de flechas, o de Santo Estêvão, com o crânio quebrado com pedras, o de São Lourenço, queimado na grelha, em fogo lento, e inventei outros santos e outras atrocidades, como Santo Ursicino, empalado do ânus até a boca, São Serapião esfolado, São Mopsuestio amarrado com seus quatro membros a quatro cavalos furiosos, que depois foi esquartejado, São Dracôncio obrigado a engolir pez fervente... Parecia que esses horrores lhe dessem algum alívio, mas depois eu temia ter exagerado, e passava a descrever-lhe as outras belezas do mundo, cujo pensamento era frequentemente o consolo do prisioneiro, a formosura das adolescentes parisienses, a graça indolente das prostitutas venezianas, o incomparável encarnado de uma imperatriz, o riso infantil de Colandrina, os olhos de uma princesa distante. Excitava-se, pedia que lhe contasse mais, perguntava como eram os cabelos de Melisenda, condessa de Trípoli, os lábios daquelas fúlgidas beldades que haviam encantado os cavaleiros de Brocelândia mais do que o santo Greal, e ele se excitava; Deus me perdoe, mas acho que uma ou duas vezes deve ter tido uma ereção e deve ter provado o prazer de espalhar o próprio sêmen. E ainda tentava fazer-lhe entender como o Universo era rico de especiarias de perfumes extenuantes, e como não as tivesse comigo, eu tentava lembrar-me do nome daquelas que eu conhecera e do nome daquelas que eu conhecia apenas de nome, pensando que aqueles nomes o inebriassem como odores, e citava-lhe o malabrato, o benjoim, o incenso, o nardo, o lício, a sandáraca, o cinamomo, o sândalo, o açafrão, o gengibre, o cardamomo, a canafístula, a zedoária, o louro, a manjerona, o coentro, o aneto, o estragão, o cravo-da-índia, o sésamo, a papoula, a noz-moscada, a erva-cidreira, a cúrcuma e o cominho. O Diácomo ouvia, na iminência de um desmaio, tocava-se o rosto como se seu pobre nariz não pudesse suportar todas aquelas fragrâncias, perguntava, chorando, o que lhe haviam dado de comer até então aqueles malditos eunucos com o pretexto de que estava doente, leite de cabra e pão umedecido no burq, que afirmavam ser bom para a lepra, e ele passava os dias atordoado, quase sempre dormindo e com o mesmo sabor na boca, dia após dia.[21]

Wunderkammern e museus

Um catálogo de museu é um exemplo de lista prática que se refere a objetos existentes num lugar predeterminado, e, como tal, é necessariamente finito. Mas como deveríamos considerar um museu *in se*, ou qualquer tipo de coleção? Exceto em casos extremamente raros de coleções que contêm *todos* os objetos de determinado tipo (por exemplo, todas — e digo mesmo *todas* — as obras de um artista), uma coleção é sempre aberta e pode ser aumentada com o acréscimo de algum outro elemento, especialmente se é baseada — como poderíamos dizer das coleções de patrícios romanos, lordes medievais e museus modernos — no gosto pela acumulação e aumento *ad infinitum*. Ainda que exiba uma grande quantidade de obras de arte, um museu dá a impressão de serem ainda mais numerosas.

Além disso, à parte casos altamente especializados, as coleções sempre beiram a incongruência. Um viajante espacial que não conhecesse nosso conceito de arte ficaria se perguntando por que o Louvre exibe objetos banais de uso comum como vasos, pratos ou saleiros, estátuas de uma deusa como Vênus de Milo, representações de paisagens, retratos de pessoas normais, artefatos funerários e múmias, retratos de criaturas monstruosas, objetos de culto, imagens de seres humanos sofrendo tortura, pinturas de batalhas, nus destinados a excitar o desejo sexual e achados arqueológicos.

Como os objetos são tão variados e tentamos imaginar como seria estar cercados por eles à noite, um museu pode ser uma experiência aterrorizante. E a sensação de mal-estar aumenta com a quantidade e a incongruência dos objetos reunidos.

Quando esses objetos são irreconhecíveis, até um museu moderno pode se assemelhar aos precursores nos séculos XVII e XVIII dos nossos museus de ciências naturais: os chamados *Wunderkammern* — os "gabinetes de maravilhas", ou "gabinetes de curiosidades" — nos quais certas pessoas tentavam juntar coleções sistemáticas de todas as coisas que deviam ser conhecidas, ao passo que outras colecionavam coisas que pareciam extraordinárias ou inéditas, entre elas objetos estranhos ou itens surpreendentes como um crocodilo empalhado, que em geral era pendurado na pedra angular dominando o ambiente. Em muitas dessas coleções, como a reunida por Pedro, o Grande, em São Petersburgo, fetos deformados eram cuidadosamente preservados em álcool. As peças de cera do Museo della Specola em Florença representam uma coleção de maravilhas anatômicas, obras-primas hiper-realistas de corpos eviscerados e desnudos, numa sinfonia de tonalidades que vão do rosa ao vermelho escuro, e de volta aos marrons dos intestinos, fígados, pulmões, estômagos e baços.

O que resta dos *Wunderkammern* consiste em grande medida em representações pictóricas ou gravuras em seus catálogos. Alguns eram formados por centenas de pequenas prateleiras exibindo pedras, conchas, esqueletos de animais estranhos e obras-primas da arte da taxidermia, que era capaz de criar animais inexistentes. Outros *Wunderkammern* eram como museus em miniatura — armários divididos em compartimentos contendo itens que, longe do seu contexto original, parecem contar histórias sem sentido ou incongruentes.

Em catálogos ilustrados como o *Museum Celeberrimum*, de Sepibus (1678), e o *Museum Kircherianum*, de Bonanni (1709), ficamos sabendo que, na coleção reunida pelo padre Athanasius Kircher no Colégio Romano, havia estátuas antigas, objetos de culto pagão, amuletos, ídolos chineses, mesas votivas, duas tabuletas mostrando as cinquenta encarnações de Brahma, inscrições tumulares romanas, lanternas, anéis, selos, fivelas, armilas, pesos, sinos, pedras e fósseis com estranhas imagens gravadas pela Natureza, objetos exóticos *ex variis orbis plagis collectum*, contendo cinturões de nativos brasileiros adornados com os dentes de vítimas devoradas, pássaros exóticos e outros animais empalhados, um livro de Malabar feito de folhas de palmeira, artefatos turcos, pratos de balança chineses, armas bárbaras, frutos indianos, o pé de uma múmia egípcia, fetos de quarenta dias a sete meses de idade, esqueletos de águias, poupas, pegas, tordos, macacos brasileiros, ratos e camundongos, toupeiras, porcos-espinhos, rãs, camaleões e tubarões, além de plantas marinhas, o dente de uma foca, um crocodilo, um tatu, uma tarântula, uma cabeça de hipopótamo, um chifre de rinoceronte, um cão monstruoso preservado em solução balsâmica num vaso, ossos de gigantes, instrumentos musicais e matemáticos, projetos experimentais sobre o movimento perpétuo, autômatos e outros dispositivos na linha das máquinas desenvolvidas por Arquimedes e Héron de Alexandria, caracóis, um dispositivo catóptrico octogonal que multiplicava um pequeno modelo de elefante de maneira a "restabelecer a imagem de uma manada de elefantes que pareciam ter sido recolhidos de toda a Ásia e África", máquinas hidráulicas, telescópios e microscópios com observações microscópicas de insetos, globos, esferas armilares, astrolábios, planisférios, relógios solares, hidráulicos, mecânicos e magnéticos, lentes, ampulhetas, instrumentos para medir a temperatura e a umidade, várias pinturas e imagens de montanhas e precipícios, canais serpenteantes em vales, labirintos de madeira, ondas espumantes, redemoinhos, colinas, perspectivas arquitetônicas, ruínas, monumentos antigos, batalhas, massacres, duelos, triunfos, palácios, mistérios bíblicos e efígies de deuses.

Tive enorme prazer em imaginar um dos personagens de *O pêndulo de Foucault* vagando pelos corredores desertos do Conservatoire des Arts et Métiers em Paris — um museu de história da tecnologia que contém mecanismos obsoletos cuja função não é mais compreendida pelos visitantes, de tal maneira que todo o Conservatoire parece um *Wunderkammer* barroco. Isto aumenta no visitante a sensação de estar sendo ameaçado por monstros artificiais desconhecidos, desencadeando em sua mente em alucinação uma ininterrupta série de fantasias paranoides:

> Espalhados pelo chão, um cortejo de veículos automóveis, bicicletas e carroças a vapor; no alto, ameaçam as máquinas aéreas dos pioneiros da aviação, e em alguns casos os objetos expostos são os originais, embora descascados ou corroídos pelo tempo, e ali todos juntos aparecem, na luz ambígua, em parte natural e em parte elétrica, como cobertos por uma pátina, por um verniz de violino antigo; vez por outra surgem esqueletos, chassis, desarticulações de bielas e manículas que ameaçam inenarráveis torturas, e te pões a imaginar-te atado a essas camas de suplício donde pode surgir de repente algo que te embarafuste a carne e te leve à confissão fatal.
>
> E para além dessa sequência de antigos objetos móveis, agora imóveis, de alma enferrujada, puros signos de um orgulho tecnológico que os quiseram expostos à reverência do público, velado à esquerda por uma estátua da Liberdade, modelo reduzido daquela que Bartholdi havia projetado para um outro mundo, e à direita por uma estátua de Pascal, abre-se o coro, onde, fazendo coro às oscilações do Pêndulo, encontra-se o pesadelo de um entomólogo enfermo — quelas, mandíbulas, antenas, proglótides, asas, patas –, um cemitério de cadáveres mecânicos que poderiam voltar a funcionar todos ao mesmo tempo — magnetos, transformadores monofásicos, turbinas, grupos conversores, máquinas a vapor, dínamos — e, ao fundo, além do Pêndulo, no ambulacro, ídolos assírios, caldeus, cartagineses, grandes Baals de ventres outrora incandescentes, virgens de Nuremberg com seus corações hirtos de cravos postos a nu, aquilo que no passado foram motores de avião — indizível coroa de simulacros que jazem em adoração ao Pêndulo, como se os filhos da Razão e das Luzes tivessem sido condenados a custodiar pela eternidade o próprio símbolo da Tradição e da Sabedoria. [...]
>
> Descer. Movimentar-me... Não desejava fazer outra coisa havia algumas horas, mas agora que podia, agora que era prudente fazê-lo, sentia-me como paralisado. Teria que atravessar as salas de noite, usando a lanterna com moderação. Pouca luz noturna filtrava pelas grandes janelas, se tivesse imaginado um museu tornado espectral pelo clarão da Lua, estaria muito

enganado. As vitrinas recebiam das janelas reflexos imprecisos. Se não me deslocasse com cautela, poderia ir de encontro a uma coisa qualquer com um fragor de cristais, ou de tralhas de ferro. Acendia a lanterna de quando em quando. Sentia-me como se estivesse no Crazy Horse, vez por outra uma luz imprevista me revelava uma nudez, mas não de carne, e sim de porcas, de tarraxas, de arrebites.

E se de repente iluminasse uma presença viva, a figura de alguém, um enviado dos Senhores, que estivesse acompanhando como num espelho o meu percurso? Quem haveria de gritar primeiro? Agucei o ouvido. Com que fim? Não fazia ruído, arrastava-me. Logo, ele também.

Durante a tarde estudara atentamente a sequência das salas, estava convencido de que mesmo no escuro poderia encontrar a escadaria. Mas estava agora vagando quase às apalpadelas, e perdera o senso de direção.

Talvez estivesse passando por alguma sala pela segunda vez, talvez jamais tivesse sequer saído da mesma, talvez aquilo, aquele errar entre máquinas sem sentido, fosse o rito. [...]

[...] Motor de Froment: uma estrutura vertical de base romboidal, que encerrava, como uma figura anatômica que exibisse as próprias costelas artificiais, uma série de bobinas, sei lá, pilhas, rotores, ou que raios se chamem nos livros escolares, acionadas por uma correia de transmissão que se encaixava num pinhão através de uma roda dentada... Para que teria servido? Resposta, para medir as correntes telúricas, é óbvio.

Acumuladores. O que acumulam? Não podia deixar de imaginar os Trinta e Seis Invisíveis como outros tantos obstinados secretários (os custódios do segredo) que batessem à noite em seu címbalo escrivão para dele arrancar um som, uma centelha, um chamado, empenhados num diálogo de costa a costa, entre abismo e superfície, de Machu Picchu a Avalon, zip zip zip, pronto pronto pronto, Pamersiel Pamersiel, eu captei o frêmito, a corrente Mu 36, aquela que os brâmanes adoravam como a suave respiração de Deus, agora insiro o pino, circuito micromacrocósmico em ação, tremem sob a crosta do globo todas as raízes de mandrágora, ouve-se o canto da Simpatia Universal, câmbio e desligo. [...]

Eles estavam aqui, acionando esses eletrocapiladores pseudotérmicos exatetragramáticos — assim teria dito Garamond, não é mesmo? — e no entanto, o que sei, alguém teria inventado uma vacina, ou pequena lâmpada, para justificar a maravilhosa aventura dos metais, mas a finalidade era bem outra, ei-los todos aqui congregados à meia-noite para fazer girar esta máquina estática de Ducretet, uma roda transparente que parece uma bandoleira, e atrás duas bolinhas vibráteis sustentadas por duas varinhas em arco, talvez agora se toquem, dela extraindo centelhas, Frankenstein esperava que assim pudesse dar vida ao seu golem e, em vez disso, o sinal que esperava era um outro: conjectura, trabalha, cava cava velha toupeira [...]

[...] Uma máquina de costurar (que mais seria, daquelas que aparecem nas propagandas com a gravura, juntamente com a pílula para desenvolver os seios, e com a enorme águia que volta das montanhas trazendo nas garras o amargo regenerador, Robur le Conquérant, R-C), mas se acionada faz girar uma roda, a roda um anel, o anel... que faz o anel, quem ausculta o anel? A etiqueta dizia "as correntes induzidas do campo terrestre". Com impudicícia, podem-na ler até as crianças em suas visitas vespertinas [...]

Eu ia e vinha. Teria podido imaginar-me pequeniníssimo, microscópico, e eis que seria um viajante atônito pelas ruas de uma cidade mecânica, cheia de torres de arranha-céus metálicos. Cilindros, baterias, garrafas de Leiden uma sobre a outra, pequeno carrossel da altura de 20 centímetros, tourniquet électrique à attraction et repulsion. Talismã para estimular as correntes de simpatia. Colonnade étincelante formée de neuf tubes, électroaimant, uma guilhotina, ao centro — e parecia um prelo de tipografia — pendiam ganchos suspensos por correntes de estrebaria. Uma prensa na qual se pode enfiar a mão, uma cabeça para esmagar. Sino de vidro movido por uma bomba pneumática a dois cilindros, uma espécie de alambique e por baixo uma taça e à direita uma esfera de cobre. São Germano ali cozinhava as suas tinturas para o landgrave de Hesse.

Um porta-pipos com uma quantidade de pequenas clepsidras de formato alongado como as mulheres de Modigliani, com um material impreciso dentro, sobre duas filas de dez cada uma, em cada uma a intumescência superior se expandia a uma altura diferente, como balõezinhos prontos para alçar voo, seguros à terra por um peso de bola. Aparelho para a produção do Rébis, sob os olhos de todos.

Seção de vidraria. Havia voltado em meus passos. Garrafinhas verdes, um anfitrião sádico estava me oferecendo venenos em quintessência. Máquinas de ferro para fazer as garrafas abriam-se e fechavam-se com duas manoplas, e se alguém em vez da garrafa metesse dentro o pulso? Zac, como devia acontecer com aquelas grandes tenazes, os tesourões, aqueles bisturis de bico recurvado que podiam ser enfiados no esfíncter, nos ouvidos, no útero, para tirar um feto ainda fresco a ser acrisolado com mel e pimenta para satisfazer a sede de Astarte... A sala que atravessava agora tinha vitrinas amplas, nelas entrevia botões para pôr em movimento pontas helicoidais que avançariam inexoráveis em direção aos olhos das vítimas, o Poço e o Pêndulo, estávamos quase na caricatura, nas máquinas inúteis de Goldberg, nos troncos de tortura onde Perna de Pau levava o Camundongo Mickey, l'engrenage extérieur à trois pignons, triunfo da mecânica renascentista, Branca, Ramelli, Zonca, conhecia essas engrenagens, eu as havia paginado para a maravilhosa aventura dos metais, mas aqui foram postas depois, no século passado, já estavam prontas para conter os rebeldes depois da conquista do mundo, os templários haviam aprendido com os Assassinos como fazer calar Noffo Dei, no dia em que o houvessem capturado, a suástica de von Sebottendorff entortaria em direção do solo membros apaixonados dos inimigos dos Senhores do Mundo, tudo pronto, esperavam um aceno, tudo sob os olhos de todos, o Plano era público, mas ninguém pudera adivinhá-lo, fauces crepitantes haviam cantado seu hino de conquista, grande orgia de bocas reduzidas a puro dente que se encavilhavam uma contra a outra, num espasmo feito de tique-taque como se todos os dentes tivessem caído por terra no mesmo momento.

E por fim havia chegado em frente ao émetteur à étincelles soufflées projetado para a Torre Eiffel, para a emissão dos sinais horários entre a França, Tunísia e Rússia (templários de Provins, Paulicianos e Assassinos de Fez — Fez não é na Tunísia e os Assassinos estavam na Pérsia, mas e daí, não se pode sutilizar um pouco quando se vive nas espirais do Templo Sutil), já havia visto aquela máquina imensa, mais alta do que eu, com as paredes perfuradas por uma série de escotilhas, de tomadas de ar, quem iria convencer-me de que fosse um aparelho de rádio? Mas sim, eu o conhecia, tinha passado ao lado dele ainda naquela tarde. O Beaubourg!

Sob os nossos olhos. E, de fato, para que deveria servir aquele imenso caixotão no centro de Lutécia (Lutécia, a escotilha do mar de lama subterrâneo), ali, onde em certa época estava o Ventre de Paris, com aquelas trombas preênseis de correntes aéreas, aquela insânia de tubos, de condutos, aquela orelha de Dionísio escancarada sobre o vazio exterior para emitir sons, mensagens, sinais até o centro do globo e restituir-lhe vomitando informações do inferno? Primeiro o Conservatoire, como laboratório, depois a Torre como sonda, e por fim o Beaubourg, como máquina receptotransmissora global. Claro que não tinham erguido aquela imensa ventosa só para entreter quatro estudantes cabeludos e morrinhentos que caminhavam ouvindo o último disco em auriculares japoneses. Sob os nossos olhos. O Beaubourg como porta para o reino subterrâneo de Agarttha, o monumento dos Equites Synarchici Resurgentes. E os outros, dois, três, quatro bilhões de Outros, o ignoravam, ou se esforçavam por ignorá-lo.[22]

Definição por lista de propriedades *versus* definição por essência

Homero descreve o escudo como uma forma porque sabe exatamente como a vida funciona nessa sociedade; limita-se a relacionar os guerreiros por não saber quantos são. Assim, caberia pensar que as formas sejam características de culturas maduras, que conhecem o mundo que conseguiram explorar e definir, ao passo que as listas seriam típicas de culturas primitivas, que ainda têm uma imagem imprecisa do universo e tentam relacionar tantas propriedades suas quanto possível, sem estabelecer uma relação hierárquica entre elas. Veremos que, em função de um certo perfil, isto pode ser verdade — e no entanto a lista volta a aparecer na Idade Média (quando as grandes *Summae* teológicas e as enciclopédias diziam fornecer uma forma definitiva do universo material e espiritual), no Renascimento e no período barroco (quando a forma do mundo era a de uma nova astronomia) e especialmente no mundo moderno e pós-moderno. Reflitamos sobre a primeira parte do problema.

O sonho de toda filosofia e ciência, desde a Grécia antiga, tem sido conhecer e definir as coisas em *essência*. A começar por Aristóteles, a definição em essência tem significado definir determinada coisa como um indivíduo de determinada espécie, e a espécie por sua vez como integrante de determinado gênero.[23] É o mesmo procedimento adotado pela taxonomia moderna ao definir animais e plantas. Naturalmente, o sistema de classes e subclasses é mais complexo. Por exemplo, um tigre pertence à espécie *Tigris*, gênero *Panthera*, família *Felidae*, subordem *Fissipedia*, ordem *Carnivora*, subclasse *Eutheria* e classe *Mammalia*.

Um ornitorrinco é da espécie dos monotremados (ovíparos). Mas depois da descoberta do ornitorrinco passaram-se oitenta anos até ele ser definido como um mamífero monotremado. Nesse período, os cientistas tiveram de decidir como classificá-lo; e, até que o fizessem, o animal continuou sendo, de maneira algo perturbadora, uma criatura do tamanho de uma toupeira, com olhinhos pequenos, bico de pato, cauda, pés que usava para nadar e cavar tocas, tendo os da frente quatro garras unidas por uma membrana (maior que a membrana unindo as garras dos pés traseiros), capacidade de botar ovos e alimentar os filhotes com leite das suas glândulas mamárias.

É exatamente o que os não especialistas diriam ao ver um ornitorrinco. Note-se que, referindo-se a esse desordenado conjunto de propriedades, os não especialistas seriam capazes de diferençar um ornitorrinco de um boi, ao passo que — sem nada saber da taxonomia científica — se fossem informados de que se trata de um "mamífero monotremado", não saberiam diferençá-lo de um canguru. Quando uma criança pergunta à mãe o que é e como é um tigre, é improvável que ela responda tratar-se de um mamífero da subordem dos *Fissipedia* ou de um carnívoro fissípede, provavelmente dizendo que é um animal selvagem feroz que parece um gato, porém maior, muito ágil, amarelo com listras negras, vive na floresta, eventualmente pode comer um homem, e assim por diante.

Uma definição em essência leva em consideração substâncias, e presumimos ter conhecimento de toda a gama de substâncias — por exemplo, "ser vivo", "animal", "vegetal", "mineral". Em contraste, segundo Aristóteles, uma definição pelas propriedades é uma definição por acidentes, e os acidentes são em quantidade infinita. Um tigre — que segundo a definição em essência é um membro do reino *Animalia*, filo *Chordata* — caracteriza-se por uma série de propriedades típicas da espécie: tem quatro pernas, parece um gato grande, é listrado, pesa em média tantos quilos, ruge de maneira característica e tem em média uma vida de tantos anos. Mas um tigre também poderia ser um animal que estava no Coliseu de Roma em determinando dia na época de Nero, ou que tivesse sido morto a 24 de maio de 1846 por um oficial militar inglês chamado Ferguson, ou que tivesse uma infinidade de outros traços ocidentais.

A realidade é que raramente definimos as coisas pela essência; o mais frequente é que demos listas de propriedades. E é por isto que todas as listas que definem algo por meio de uma série não finita de propriedades, ainda que aparentemente vertiginosa, parecem mais próximas da maneira como definimos e reconhecemos as coisas na vida cotidiana (embora não nos departamentos acadêmicos de ciências).[24] Uma representação por acumulação ou série de propriedades não pressupõe um dicionário, mas uma espécie de enciclopédia — uma enciclopédia que nunca é concluída, e que apenas em parte é conhecida e dominada pelos membros de determinada cultura, de acordo com sua competência.

Usamos as descrições por meio de propriedades quando pertencemos a uma cultura primitiva que ainda precisa construir uma hierarquia de gêneros e espécies, e que não dispõe de definições em essência. Mas isto também pode se aplicar a uma cultura madura que esteja insatisfeita com certas definições essenciais existentes e queira questioná-las, ou tente, pela descoberta de novas propriedades, aumentar o estoque de conhecimentos sobre determinados itens da sua enciclopédia.

O retórico italiano Emanuele Tesauro, em *Il Cannocchiale aristotelico* (O Telescópio aristotélico, 1665), propõe o modelo da metáfora como forma de descobrir relações ainda desconhecidas entre dados conhecidos. O método funciona pela compilação de um repertório de coisas conhecidas que podem ser usadas pela imaginação metafórica para encontrar novos paralelos, vínculos e afinidades. Dessa maneira, Tesauro formula a ideia de um Índice Categórico — que parece um enorme dicionário mas é, na verdade, uma série de propriedades acidentais. Ele apresenta seu índice (sentindo um prazer barroco com uma ideia tão "maravilhosa") como um "segredo verdadeiramente secreto", uma ferramenta essencial para "revelar objetos ocultos em várias categorias e estabelecer comparações entre eles". Em outras palavras, o índice tem a capacidade de desencavar analogias e semelhanças que teriam passado despercebidas se tudo tivesse permanecido classificado em sua própria categoria.

Aqui, posso apenas fornecer alguns exemplos do catálogo de Tesauro, que parece suscetível de infindável expansão. Sua lista de "Substâncias" é completamente aberta, abrangendo Pessoas Divinas, Ideias, Deuses Fabulosos, Anjos, Demônios e Espíritos; na categoria "Céus" ele inclui Estrelas Cadentes, o Zodíaco, Vapores, Exalações, Meteoros, Cometas, Relâmpagos e os Ventos; a categoria "Terra" compreende Campos, Desertos, Montanhas, Colinas e Promontórios; a dos "Corpos" inclui Pedras, Pedras Preciosas, Metais e Ervas; a "Matemática" abrange Globos, Compassos, Quadrados e assim por diante. Da mesma forma na categoria "Quantidade": em "Quantidade de Volume" encontramos o Pequeno, o Grande, o Longo e o Curto; em "Quantidade de Peso", o Leve e o Pesado. Na categoria "Qualidade", temos em "Ver" o Visível e o Invisível, o Aparente, o Belo e o Deformado, o Claro e o Escuro, o Preto e o Branco; em "Cheiro", encontramos Aroma e Fedor — e assim por diante nas categorias "Relação", "Ação e Afeto", "Posição", "Tempo", "Lugar" e "Estado". Para tomar um exemplo, na categoria "Quantidade", subcategoria "Quantidade de Volume", encontramos anjos de pé na cabeça de um alfinete, formas incorpóreas, os polos como pontos imóveis de uma esfera, zênite e nadir. Entre as "Coisas Elementares", temos a centelha do fogo, a gota d'água, a lasca de pedra, o grão de areia, a pedra preciosa e o átomo; entre as "Coisas Humanas", o embrião, o aborto, o pigmeu e o anão; entre os "Animais", a formiga e a pulga; entre as "Plantas", o grão de mostarda e a migalha de pão; entre as "Ciências", o ponto matemático; e na "Arquitetura", a ponta da pirâmide.

Esta lista não parece ter pé nem cabeça, como qualquer tentativa barroca de sintetizar o conteúdo global de um corpo de conhecimentos. Em *Technica curiosa* (1664) e em seu livro sobre magia natural, *Joco-seriorium naturae et artis sive magiae naturalis centuriae tres* (1665), Caspar Schott menciona uma obra de 1653 cujo autor apresentou em Roma um *Artificium* abarcando 44 classes fundamentais: Elementos (fogo, vento, fumaça, cinzas, inferno, purgatório, o centro da Terra), Entidades Celestiais (estrelas, relâmpago, arco-íris), Entidades Intelectuais (Deus, Jesus, discurso, opinião, suspeita, alma, estratagema ou espectro), Estados Seculares (imperadores, barões, plebeus), Estados Eclesiásticos, Artesãos (pintores, marinheiros), Instrumentos, Afetos (amor, justiça, luxúria), Religião, Confissão Sacramental, Tribunal, Exército, Medicina (médicos, fome, enema), Animais Selvagens, Pássaros, Répteis, Peixes, Partes de Animais, Mobília, Alimentos, Bebidas e Líquidos (vinho, cerveja, água, manteiga, cera, resina), Roupas, Tecidos de Seda, Lãs, Lonas e outros Tecidos, Náutica (navio, âncora), Aromas (canela, chocolate), Metais, Moedas, Artefatos Diversos, Pedras, Joias, Árvores, Frutos, Lugares Públicos, Pesos, Medidas, Numerais, Tempo, Adjetivos, Advérbios, Preposições, Pessoas (pronomes, títulos como "Sua Eminência o Cardeal"), Viagens (feno, estrada, ladrão).

Eu poderia prosseguir citando outras listas barrocas, de Kircher a Wilkins, cada uma mais vertiginosa que a outra. Em todas elas, a ausência de um espírito de sistematização evidencia o esforço feito pelo enciclopedista para evitar classificações obsoletas por gêneros e espécies.[25]

Excesso

Do ponto de vista literário, essas tentativas "científicas" de classificação ofereciam aos escritores um modelo de *prodigalidade*, embora pudéssemos dizer que, pelo contrário, os escritores é que estavam oferecendo o modelo aos cientistas. Na verdade, um dos primeiros mestres das listas desenfreadas foi Rabelais, e ele as usava precisamente para subverter a rígida ordem das *Summae* acadêmicas medievais.

A essa altura, a lista — que na era clássica fora quase um *pis aller*, um último recurso, uma maneira de falar do inexprimível quando faltavam palavras, um torturado catálogo tendo implícita a silenciosa esperança de encontrar eventualmente uma forma que impusesse ordem num monte de acidentes aleatórios — tornou-se um ato poético praticado pelo puro amor da *deformação*. Rabelais deu início a uma poética da lista pela lista, uma poética da lista por *excesso*.

Só mesmo o gosto por excesso poderia ter inspirado o fabulista barroco Giambattista Basile, no seu *Conto dos contos, ou O entretenimento para os pequenos* — ao contar de que maneira sete irmãos são transformados em sete pombos por causa das maldades de sua irmã —, a expandir o texto com uma infinidade de nomes de pássaros: milhafres, abutres, falcões, galinhas-d'água, narcejas, pintassilgos, pica-paus, pegas, corujas, gralhas, estorninhos, galinholas, galos, galinhas, perus, melros, turdos, tentilhões, abelharucos, carriças, ventoinhas, milheiros, pintarroxos, papa-moscas, cotovias, tarambolas, alciões, alvéolas, pintassilgos, pardais, patos, tordos--zornais, pombos-torcazes, dom-fafes. Foi por gosto pelo excesso que Robert Burton, na sua *Anatomia da melancolia* (livro 2, parte 2), descreveu um mulher feia acumulando, ao longo de páginas e páginas, uma absurda quantidade de pejorativos e insultos. E foi o gosto pelo excesso que levou Giambattista Marino, na parte 10 do seu *Adônis*, a produzir um dilúvio de linhas sobre os frutos do artifício humano: "astrolábios e almanaques, armadilhas, grosas e gazuas, jaulas, manicômios, tabardos, cunhetes e sacos, labirintos, prumos e níveis, dados, cartas, bolas, tabuleiros e peças de xadrez e chocalhos e roldanas e verrumas, bobinas, bobinadoras, troças, relógios, alambiques, decantadores, foles e crisóis, olhar, bolsas e empolas cheias de vento, e bolhas de sabão, colunas de fumaça, folhas de urtiga, flores de abóbora, penas verdes e amarelas, aranhas, escaravelhos, cigarras, formigas, vespas, mosquitos, vaga-lumes e traças, camundongos, gatos, bichos-da-seda e uma centena desses dispositivos e animais extravagantes; tudo isto pode-se ver, assim como outros estranhos fantasmas igualmente em maciças fileiras".[26]

É por gosto pelo excesso que Victor Hugo, em *O noventa e três* (livro 2, capítulo 3), ao indicar as dimensões gigantescas da Convenção Republicana, explode em página após página de nomes, de tal maneira que o que poderia ser um registro de arquivo transforma-se numa experiência quase inconcebível. A própria lista de listas excessivas e extravagantes podia tornar-se extravagante e excessiva.

Descomedimento não significa incongruência: uma lista pode ser excessiva (ver, por exemplo, o catálogo dos jogos de Gargântua) e, no entanto, perfeitamente coerente (essa lista de jogos é uma enumeração lógica de passatempos). De modo que há listas que são coerentes em seu excesso e outras que não são excessivamente longas, mas representam um agrupamento de coisas deliberadamente destituídas de qualquer inter-relação aparente — de tal maneira que esses casos são identificados como exemplos de *enumeração caótica*.[27]

Talvez o melhor exemplo de uma bem-sucedida mistura de superabundância e coerência seja a descrição das flores do jardim de Paradou no romance *O crime do padre Mouret*, de Zola. Um exemplo completamente caótico poderia ser a enumeração de nomes de coisas compilada por Cole Porter em sua canção "You're the Top!": o Coliseu, o Museu do Louvre, uma melodia de uma sinfonia de Strauss, um chapéu Bendel, um soneto de Shakespeare, Mickey Mouse, o Nilo, a Torre de Pisa, o sorriso da Mona Lisa, o Mahatma Gandhi, o conhaque Napoleão, a luz púrpura de uma noite de verão na Espanha, a National Gallery, papel celofane, um peru no jantar de Ação de Graças, um dólar com a efígie de Coolidge, o ágil passo de Fred Astaire, um drama de O'Neill, a mamãe de Whistler, queijo camembert, uma rosa, o Inferno de Dante, o nariz do grande Durante, uma dança em Báli, uma pamonha quente, um anjo, um Botticelli, Keats, Shelley, Ovomaltine, um estrondo, o luar sobre os ombros de Mae West, salada Waldorf, uma balada em Berlim, os barcos que deslizam no sonolento Zuiderzee, um antigo mestre holandês, Lady Astor, brócolis, romance... Mas a lista de fato adquire certa coerência, pois menciona todas as coisas que, na opinião de Porter, são tão maravilhosas quanto a pessoa amada. Podemos criticar a falta de critério em sua lista de valores, mas não a sua lógica.

A enumeração caótica não é o mesmo que um fluxo de consciência. Todos os monólogos internos em Joyce seriam puras coleções de elementos totalmente anômalos não fosse o fato de, para transformá-los num todo coerente, presumirmos que provêm da consciência de um mesmo personagem, um após o outro, por meio de associações que o autor nem sempre é obrigado a explicar.

A mesa de Tyrone Slothrop, descrita por Thomas Pynchon no primeiro capítulo de *O arco-íris da gravidade*, certamente é caótica, mas sua descrição, não. O mesmo se aplica à descrição do caos na cozinha de Bloom em *Ulisses*. É difícil dizer se a incomensurável lista de coisas que Georges Perec vê num único dia na Place Saint-Sulpice em Paris (*Tentative d'épuisement d'un lieu parisien*) é coerente ou caótica. A lista não poderia deixar de ser aleatória e desordenada: a praça, nesse dia, certamente foi cenário de 100 mil outros acontecimentos que Perec não notou nem registrou. Mas por outro lado o fato de a lista conter apenas coisas que ele notou torna-a perturbadoramente homogênea.

Entre as listas que são excessivas e coerentes ao mesmo tempo, também poderíamos incluir a descrição do matadouro no romance *Berlin Alexan-*

derplatz, de Alfred Döblin. Em princípio, o trecho deveria ser uma ordenada descrição de uma instalação de processamento e das operações nela efetuadas; mas o leitor tem dificuldade de perceber o aspecto do lugar e a sequência lógica de atividades, em meio à densa aglomeração de detalhes, dados numéricos, gotas de sangue e rebanhos de assustados leitões. O abatedouro de Döblin é horrível porque a massa de detalhes é tão pesada que deixa o leitor perplexo. Qualquer possível ordem simplesmente desmorona na desordem da louca bestialidade — que profeticamente faz alusão a futuros matadouros.

A descrição do matadouro em Döblin é como a da mesa de Slothrop em Pynchon: uma representação não caótica de uma situação caótica. Esse tipo de lista pseudocaótica é que me inspirou quando eu escrevia o capítulo 28 de *Baudolino*.

Baudolino encaminha-se com os amigos para a lendária terra do Preste João. De repente, eles chegam ao Sambation — o rio sem água da tradição rabínica. Há apenas uma furiosa torrente de areia e pedras, fazendo um ruído tão ensurdecedor que pode ser ouvido a uma distância de dias de caminhada. Esse fluxo pedregoso só cessa no início do Sabá, e só no Sabá pode ser atravessado.

Imaginei que um rio feito de pedras seria bem caótico, especialmente se as pedras fossem de diferentes tamanhos, cores e resistências. Encontrei uma maravilhosa lista de pedras e outros minerais na *História natural*, de Plínio; os próprios nomes dessas substâncias agiam em concerto no sentido de tornar a lista mais "musical". Aqui vão alguns espécimes do meu catálogo:

> Era um fluir majestoso de rochas e de terra, que corria inarrestável, e podíamos perceber, naquela correnteza de grandes rochas informes, placas irregulares, cortantes como lâminas, amplas como pedras tumulares, e entre uma e outra, cascalho, fósseis, pontas, escolhos, espontões.
>
> Vindo com igual velocidade como que impelidos por um vento impetuoso, fragmentos de travertino rolavam uns sobre os outros, grandes falhas deslizavam por cima deles, para diminuir depois o próprio ímpeto quando ricocheteavam em volumosas avalanches de pedregulhos, enquanto seixos bem redondos, como que aplainados pela água naquele deslizar de rocha a rocha, saltitando no ar, tornavam a cair com rumores secos e eram puxados por aqueles mesmos vórtices que eles mesmos criavam ao se chocarem uns

contra os outros. No meio e no alto daquele sobrepor-se de massas minerais, formavam-se baforadas de areia, rajadas de gesso, nuvens de lapili, espumas de pomes, riachos de malta.

Aqui e acolá borrifos de estuque, chuvas de pedras de carvões caíam sobre as margens e os viajantes tinham então de cobrir o rosto para não virem a ser desfigurados.

[...] quando já desde o terceiro via-se surgir no horizonte uma cadeia impérvia de montanhas altíssimas, que ao fim dominavam os viajantes quase impedindo-lhes ver o céu, encerrados como estavam numa trincheira cada vez mais estreita, e sem nenhuma saída, e de onde bem no alto já se via apenas um ajuntamento de nuvens pouco luminoso, que fazia desaparecer a parte mais alta daqueles cimos.

Aqui, por uma fenda, praticamente uma ferida, entre dois montes, via-se nascer o Sambatyon: um ferventar de arenito, um borbotar de tufo, um escorrer de limo, um tiquetear de lascas, um rosnar de marga que se coagula, um transbordar de torrões, uma chuva de argilas que aos poucos se transformavam num fluxo mais constante, que começava sua viagem em direção a algum interminável oceano de areia.

Nossos amigos empregaram um dia para tentar contornar as montanhas e descobrir uma passagem acima da nascente, mas foi tudo em vão. [...] decidiram então seguir o rio [...] Até que, após quase cinco dias de viagens, e de noites sufocantes como o dia, perceberam que o contínuo ribombar daquela maré estava se transformando. O rio tomara uma velocidade maior, desenhavam-se em seu curso como que correntes, rápidos que arrastavam granadas de basalto como palha, ouvia-se como que um trovão distante... Depois, sempre mais impetuoso, o Sambatyon começou a subdividir-se numa miríade de riachos, que seguiam por declives montanhosos como os dedos da mão num monte de lama, às vezes uma onda se engolfava numa gruta e depois, por uma espécie de passagem rochosa que parecia transitável, saía como um rugido que se lançava raivosamente para o vale. E inesperadamente, após uma grande volta que foram obrigados a dar, porque as próprias margens já se tornavam inacessíveis, batidas por turbilhões de cascalho, depois de chegar ao cume de uma planura, viram como o Sambatyon — a seus pés — se anulava numa espécie de garganta do Inferno.

Eram cataratas que caíam de dezenas de goteiras rupestres dispostas como anfiteatro, num desmedido vórtice final, uma incessante regurgitação de granito, um remoinho de betumes, uma ressaca de alúmen, um fermentar de xisto, um repercutir de ouro-pigmento contra as margens. E sobre a matéria que o sorvedouro eructava para o céu, mas na parte inferior com relação aos olhos de quem via como que do alto de uma torre, os raios de sol formavam sobre aquelas gotículas silíceas um imenso arco-íris que, cada corpo, ao refletir os raios com um esplendor diverso, segundo a própria natureza, apresentava muito mais cores do que aquelas que se formavam frequentemente no céu depois de um temporal, e com a diferença de que esse parecia destinado a brilhar eternamente sem jamais se dissolver.

Era um avermelhar-se de hematitas e cinabres, um cintilar de atramento, como se fosse aço, um sobrevoar de minúsculos auripigmentos, do amarelo ao laranja vivo, um azulado de armênio, um branquejar de conchas calcinadas, um verdejar de malaquitas, um esvanecer de litargírio em açafrões cada vez mais pálidos, um tinir de rosalgar, um eructar de verdacho que empalidecia a poeira de crisocola e que depois transmigrava em matizes de roxo e anil, um triunfo de ouro mosaico, um purpurear de alvaiade queimada, um flamejar de sandáraca, um cintilar de argila prateada, uma só transparência de alabastros.

Nenhuma voz humana podia se fazer ouvir naquele clangor, nem tampouco os viajantes tinham desejo de falar. Assistiam à agonia do Sambatyon, que se enfurecia para desaparecer nas vísceras da terra, e buscava levar consigo tudo o que estava ao seu redor, pulverizando suas pedras para exprimir toda a sua impotência.[28]

Há listas que se tornam caóticas por excesso de ira, ódio e rancor, liberando cascatas de insultos. Um exemplo típico é um trecho de *Bagatelles pour un massacre* no qual Céline explode numa torrente de impropérios — não contra os judeus, para variar, mas contra a Rússia soviética:

Bão! Balalão! Arrebentam-se! Inchados! Ventre de Deus! [...] 487 milhões! De empalados cossacólogos! Quid? Quid? Quod? Em todos os cancros da Eslavônia! Quid? Do Báltico eslavigótico ao Branco lto-marinho negro? Quam? Bálcãs! Visguento! Miserê! De pepinos!... Desolados! Boçais! De merda de rato! Tô me lixando!... Tô cagando! Colossalmente! Pico a mula! Melão-de-são-caetano!... Barbuchas? Imensamente! Volgaronov!... Tartoneses mongomoloides!... Stakhanoviciado!... Cudolovitch!

Quatrocentas mil verstas miriâmetros!... De estepes de cocô de mosca, de pele de Zébis-Laridon!... Ventre meia-boca! Coço-me todos os Vesúvios!... Dilúvios!... Bolor de margabosta! Para todos os vossos rabos sujos pervertidos tsarinhavados!... Stabilina! Voroxixilov! Mais que vexado!... Trans-Béria![29]

Enumeração caótica

Parece impossível definir toda enumeração como caótica, pois de certo ponto de vista qualquer enumeração pode adquirir uma coerência. Nada haveria de incongruente nem mesmo numa lista que reunisse uma vassoura, um exemplar incompleto de uma biografia de Galeno, um feto preservado em álcool e (para citar Lautréamont) um guarda-chuva e uma mesa de dissecação. Seria necessário apenas estabelecer que se tratava de um inventário de objetos esquecidos no porão de uma faculdade de medicina. Uma lista que inclua Jesus, Júlio César, Cícero, Luís IX, Raymond Lully, Joana d'Arc, Gilles de Rais, Damiens, Lincoln, Hitler, Mussolini, Kennedy e Saddam Hussein torna-se uma coleção homogênea se observarmos que todas essas pessoas não morreram na cama.

Para encontrar exemplos da autêntica enumeração caótica, que antecipa as inquietantes listas dos surrealistas, podemos buscar no poema "Le Bateau Ivre", de Rimbaud. Na verdade, a propósito de Rimbaud, um estudioso sugeriu que há uma diferença entre enumeração *conjuntiva* e *disjuntiva*.[30] Todas as minhas citações anteriores são exemplos de enumeração conjuntiva: cada uma delas refere-se a um universo de discurso específico segundo o qual os elementos da lista adquirem uma certa coerência recíproca. Em contraste, a enumeração disjuntiva representa uma fragmentação, como a experiência que acomete um esquizofrênico que se conscientize de uma sequência de impressões disparatadas sem conseguir impor-lhes uma unidade. Leo Spitzer inspirou-se na ideia de enumeração disjuntiva ao formular seu conceito de enumeração caótica.[31] Na verdade, ele citava, a título de exemplo, estes versos das *Iluminações* de Rimbaud:

No bosque há um pássaro, seu canto vos detém e vos faz corar.
Há um relógio que não toca.
Há um pântano com um ninho de bichos brancos.
Há uma catedral que desce e um lago que sobe.
Há uma pequena carruagem abandonada na moita, ou que desce a vereda
[às carreiras, toda enfeitada de fitas.
Há um grupo de pequenos comediantes, com seus trajes típicos, vistos na
[estrada pela beira do bosque.
Há, finalmente, quando temos sede e fome, alguém que nos enxota.[32]

Quanto à enumeração caótica, a literatura oferece abundância de exemplos, de Pablo Neruda a Jacques Prévert, chegando às *Cosmicômicas* de Calvino, que descreve a formação aleatória da superfície da Terra por detritos meteóricos. O próprio Calvino refere-se à sua lista como uma "miscelânea absurda", acrescentando: "Eu me divertia imaginando que entre esses objetos terrivelmente incongruentes havia uma misteriosa ligação cuja natureza eu teria de adivinhar."[33] Mas sem dúvida a mais deliberadamente caótica de todas as listas incongruentes é a lista de animais da enciclopédia chinesa intitulada *Empório celestial do conhecimento benevolente*, inventada por Borges e mencionada por Michel Foucault no início do seu prefácio a *As palavras e as coisas*. A enciclopédia propõe que os animais sejam divididos em: (a) os que pertencem ao imperador; (b) os que foram embalsamados; (c) os que foram domesticados; (d) leitões em amamentação; (e) sereias; (f) criaturas mitológicas e fabulosas; (g) cães abandonados; (h) os que são incluídos nesta classificação; (i) os que tremem como se fossem loucos; (j) os que são incontáveis; (k) os desenhados com um finíssimo pincel de pelo de camelo; (l) *et cetera*; (m) os que acabam de quebrar o vaso de flores; (n) os que à distância parecem moscas.[34]

Tendo examinado exemplos de excesso coerente e enumeração caótica, percebemos que, em comparação com as listas da Antiguidade, estas revelam algo diferente. Como vimos, Homero recorreu à lista porque lhe faltavam palavras para fazer justiça ao seu tema, e o *tópos* do inefável dominou a poética das listas durante muitos séculos. Mas examinando os casos de Joyce e Borges vemos que eles não fizeram listas porque não soubessem o que dizer, mas porque queriam dizer coisas por gosto pelo excesso, uma compulsão de arrogância e pura ganância de palavras, pela alegre (e raramente obsessiva) ciência do plural e do ilimitado. A lista torna-se uma maneira de reformular o mundo, quase chegando a pôr em prática o método proposto por Tesauro de acumular propriedades para fazer surgirem novas relações entre coisas disparatadas, e de qualquer maneira lançar dúvida sobre as aceitas pelo senso comum. Desse modo, a lista caótica torna-se um dos modos dessa ruptura da forma posta em movimento de várias maneiras pelo futurismo, o cubismo, o dadaísmo, o surrealismo e o novo realismo.

A lista de Borges, além disso, não só desafia quaisquer critérios de congruência como joga deliberadamente com os paradoxos da teoria dos conjuntos. Sua lista na verdade desafia qualquer critério razoável de congruência, pois não se pode entender que sentido haveria em colocar aquele "*et cetera*" não no fim da série, no lugar de elementos adicionais, mas *entre* os itens da própria lista. E este não é o único problema. O que torna a lista realmente perturbadora é o fato de incluir, entre os itens nela classificados, "os que são incluídos nesta classificação". Um estudante de lógica matemática imediatamente reconhece aqui o paradoxo formulado pelo jovem Bertrand Russell como objeção a Frege: se um conjunto é normal quando não inclui a si mesmo também (o conjunto de todos os gatos não é um gato, mas um conceito) e se um conjunto é não normal quando é um elemento de si mesmo (o conjunto de todos os conceitos é um conceito), como poderemos definir *o conjunto de todos os conjuntos normais*? Se ele fosse normal, teríamos um conjunto incompleto, pois não inclui a si mesmo; se fosse não normal, teríamos um conjunto ilógico, pois entre todos os conjuntos normais, também teríamos incluído um conjunto não normal. A classificação de Borges joga com esse paradoxo. Ou bem a classificação dos animais é um conjunto normal e, portanto, não pode conter a si mesma — embora a autoinclusão de fato ocorra na lista de Borges; ou bem é um conjunto não normal, e neste caso a lista seria incongruente, pois apareceria entre os animais algo que não é um animal — mas um conjunto.

Fico me perguntando se algum dia estabeleci uma lista *realmente* caótica. A título de resposta, devo dizer que as autênticas listas caóticas só podem ser escritas por poetas. Os romancistas são obrigados a representar algo que acontece em determinado espaço e tempo, e ao fazê-lo sempre concebem uma espécie de contexto no qual qualquer elemento incongruente é de alguma forma "colado" a todos os demais. Como exemplo, gostaria de propor uma espécie de fluxo de consciência de Yambo, o protagonista de *A misteriosa chama da rainha Loana*. Yambo perdeu a memória e conseguiu salvar apenas sua memória cultural, com a qual fica obcecado, embora não seja capaz de recordar nada a seu respeito ou da sua família. Em determinado momento, numa espécie de delírio, ele inventa uma montagem absolutamente incoerente de citações poéticas misturadas. A lista certamente parece caótica, pois a sensação de caos mental era exatamente o que eu queria evocar. Mas se os pensamentos do meu personagem eram caóticos, minha lista o era ainda mais, pois pretendia representar uma mente devastada:

> Acariciei as crianças e pude sentir-lhes o odor, sem ser capaz de defini-lo exceto para dizer que era suave. Tudo o que veio à lembrança é que "há aromas frescos como a carne dos infantes". E de fato minha mente não estava vazia, havia um redemoinho de memórias que não eram minhas: a marquesa saiu às cinco horas no meio do caminho de nossas vidas, Abraão gerou a Isaac e Isaac gerou a Jacó e Jacó gerou o homem de La Mancha, e foi quando vi o pêndulo, entre um sorriso e uma lágrima, num braço do lago Como onde gorjeiam belos pássaros, as neves de antanho caindo suavemente nas ondas escuras e revoltas do Shannon, *messieurs les Anglais je me suis couché de bonne heure*, embora as palavras não possam curar as mulheres vão e vêm, aqui faremos a Itália um beijo é só um beijo, *tu quoque alea*, um homem sem qualidades luta e foge, irmãos da Itália não perguntem o que podem fazer pelo país, o arado que deita o sulco viverá para lutar outro dia, quero um Nariz sob qualquer outra designação, a Itália se fez agora o resto é comentário, mi espíritu se purifica em Paris com aguaceiro, não nos perguntem sobre a palavra enlouquecida de luz, travaremos nossa batalha à sombra e súbito anoitece, em torno do meu coração o braço de três damas eu canto, ah Valentino Valentino portanto onde estás, todas as famílias felizes se parecem disse o noivo à noiva, Guido queria que aquela mãe morresse hoje, reconheci o tremor da primeira desobediência humana, *de la musique où marchent des colombes*, vai livrinho aonde os limões florescem, era uma vez vieram Aquiles e Peleu, e a terra não tinha forma e demais conosco,

Licht mehr licht über alles, Condessa, ah o que é a vida? E Jill veio rolando depois. Nomes, nomes, nomes: Angelo Dall'Oca Bianca, Lord Brummell, Píndaro, Flaubert, Disraeli, Remigio, Zena, Jurássico, Fattori, Straparola e as noites agradáveis, Pompadour, Smith and Wesson, Rosa Luxemburgo, Zeno Cosini, Jacobo Palma o Velho, Archaeopteryx, Ciceruacchio, Mateus Marcos Lucas e João, Pinóquio, Justine, Maria Goretti, Thaïs a puta com as unhas de merda, osteoporose, Saint-Honoré, Báctria Ecbátana Persépolis Susa Arbela, Alexandre e o nó górdio.

A enciclopédia desabava sobre mim, as folhas soltas, e senti ímpeto de mover freneticamente as mãos como fazemos em meio a um enxame de abelhas.[35]

Listas dos meios de comunicação de massa

A poética da lista também impregna muitos aspectos da cultura de massa, mas com intenções diferentes daquelas da arte de vanguarda. Basta lembrar todos aqueles exemplares cinematográficos da lista visual — as garotas cobertas de penas de avestruz descendo a escadaria no filme *Folias de Ziegfeld* (1945), o famoso balé aquático de *A escola de sereias* (1944), as fileiras de dançarinas de *Belezas em revista* (1933), os modelos desfilando em *Roberta* (1935) — e os modernos desfiles de moda dos grandes costureiros.

Aqui, a sucessão de criaturas sedutoras pretende apenas sugerir abundância, uma necessidade de satisfazer o desejo de algo arrasa-quarteirão, de mostrar não só uma imagem glamourosa, mas muitas, fornecendo ao usuário uma amostra inexaurível de atrações voluptuosas, exatamente como os potentados dos velhos tempos se cobriam de cascatas de joias. A técnica da lista não se destina a questionar a ordem social; pelo contrário, seu objetivo é reiterar que o universo da abundância e do consumo, disponível para todos, representa o único modelo possível de sociedade organizada.

A apresentação de listas de beldades tem algo a ver com as características da sociedade que gerou os meios de comunicação de massa. Lembra-nos de Karl Marx, que no início de *O capital* afirma: "A riqueza das sociedades nas quais prevalece o modo de produção capitalista apresenta-se como uma imensa acumulação de mercadorias." Basta lembrar a vitrine que exibe uma extravagante variedade de objetos, dando a entender que lá dentro há ainda mais; ou uma feira comercial com produtos de todo o mundo; ou as galerias (*passages*) parisienses celebradas por Walter Benjamin — corredores com telhados de vidro e paredes de mármore incrustado, com toda uma sucessão de lojas elegantes —, que eram descritas pelos guias parisienses do século XIX como um mundo em miniatura; e por fim a loja de departamentos (glorificada por Zola em seu romance *Au Bonheur des dames*), em si mesma uma autêntica lista.

Em *A misteriosa chama da rainha Loana*, que trata sobretudo de um resgate quase arqueológico de *memorabilia* da década de 1930, recorri com frequência ao catálogo (mais uma vez tornado caótico pelas colagens desvairadas). Gostaria de citar uma passagem na qual evoco a enorme quantidade de canções kitsch com que as transmissões da rádio nacional bombardeavam meus anos de juventude:

> Era como se o rádio por si próprio cantasse para mim, sem que eu tivesse de girar nenhum botão. Comecei a ouvi-lo, de pé junto à janela, diante do céu estrelado, balançando ao ritmo de tanta boa música ruim que era como se algo em mim despertassse.
>
> Esta noite as estrelas brilham aos milhares... Uma noite, com as estrelas e você... Fale, ah, fale com a luz do luar tão clara, sussure doces palavras em meu ouvido, sob a magia do amor... Em meio ao brilho das estrelas da noite antilhana corria a corrente luminosa do amor... Mailù, sob o céu de Cingapura, com seu sonho de estrelas douradas, onde nasceu o nosso amor... Sob o labirinto de estrelas que do alto nos contemplam, sob o delírio de estrelas e a lua, não podemos esquecer, a boa sorte voltará a sorrir... Lua marinheira, doce é o amor que não se apreende, Veneza, a lua é você, você e eu sozinhos à noite, eu e você cantarolando uma canção... O céu da Hungria, suspiro nostálgico, penso em você com amor infinito... Caminho onde o céu é sempre azul, ouvindo os toirdos gorjeando nos arbustos.[36]

Livros, livros, livros...

Como disse antes, um catálogo de biblioteca é um exemplo de lista prática, pois os livros de uma biblioteca são em quantidade finita. Uma exceção, naturalmente, seria o catálogo de uma biblioteca infinita.

Há quantos livros na Biblioteca de Babel tão fantasiosamente descrita por Borges? Uma das propriedades da biblioteca de Borges é oferecer livros contendo todas as possíveis combinações de 25 símbolos ortográficos, de tal maneira que não podemos imaginar qualquer combinação de caracteres que a biblioteca não tenha previsto. Em 1622, Paul Guldin, em *Problema arithmeticum de rerum combinationibus*, calculou quantas palavras poderiam ter sido produzidas com as 23 letras do alfabeto em uso na época. Ele as combinou duas a duas, três a três, e assim por diante, até chegar a palavras de 23 letras, sem levar em conta repetições e sem se preocupar com a eventualidade de as palavras assim geradas fazerem sentido ou mesmo serem impronunciáveis; e chegou a um número superior a 70 mil bilhões de bilhões (para escrevê-las teriam sido necessários mais de um milhão de bilhão de bilhão de letras). Se escrevêssemos todas essas palavras em volumes de mil páginas cada, com cem linhas por página e sessenta caracteres por linha, precisaríamos de 257 milhões de bilhões de volumes. E se quiséssemos colocá-los numa biblioteca dotada de espaços cúbicos de depósito medindo 138 metros de cada lado, cada um deles capaz de abrigar 32 milhões de volumes, precisaríamos de 8.052.122.350 dessas bibliotecas. Mas que reino poderia conter todos esses prédios? Calculando a superfície disponível em todo o planeta, constatamos que a Terra poderia abrigar apenas 7.575.213.799!

Muitos outros, de Marin Mersenne a Gottfried Leibniz, efetuaram cálculos dessa natureza. O sonho de uma biblioteca infinita estimula escritores a tentar compilar exemplos de uma lista infinita de títulos — e o exemplar mais convincente desse tipo de infinitude é uma lista de títulos inventados, inexistentes, significando que é possível conceber uma invenção infinita. É o tipo de emocionante empreitada que nos pode proporcionar, digamos, a lista dos livros (falsos) da Biblioteca de São Vítor, tal como apresentada por Rabelais em *Pantagruel*: *Bigua salutis*; *Bragueta juris*; *Pantophla decretorum*; *Nalogranatum vitiorum*; *O pelotão da teologia*; *O andrajo dos pregadores, escrito por Turelupin*; *A coragem elefantina dos cavaleiros*; *Os meimendros dos bispos*; *Marmotretus de boibinis et singis, cum comeno Dorbellis*; *Decretum universitatis parisienses super gorgiasitate muliercularum ad placitum*; *A aparição da Santa Gertrudes a uma monja de Poissy em trabalho de parto*;

Ars honeste pettandi in societate per M. Ortuinum; *A mostardeira da penitência*; *as polainas aliás as botas da paciência*; *Formicarium artium*, e assim por diante, por aproximadamente 150 títulos.[37]

Mas podemos sentir a mesma vertigem da infinitude quando nos deparamos com listas de títulos de livros verdadeiros, como, por exemplo, quando Diógenes Laércio relaciona todos os livros escritos por Teofrasto. O leitor tem dificuldade de conceber tão vasta coleção — não apenas o conteúdo dos livros, mas até mesmo seus títulos:

> Três livros dos Analíticos Anteriores; sete dos Analíticos Posteriores; um livro da Análise dos Silogismos; um livro, uma Epítome dos Analíticos; dois livros, Tópicos remetendo coisas às Noções Primitivas; um livro, um Exame de Questões Especulativas sobre Discussões; um sobre Sensações; um dirigido a Anaxágoras; um sobre as Doutrinas de Anaxágoras; um sobre as Doutrinas de Anaxímenes; um sobre as Doutrinas de Arquelau; um sobre o sal, o nitro e o alume; dois sobre Petrificações; um sobre Linhas Indivisíveis; dois sobre a Audição; um sobre as Palavras; um sobre as Diferenças entre as Virtudes; um sobre o Poder Real; um sobre a Educação de um Rei; três sobre as Vidas; um sobre a Época de Ouro; um sobre o Sistema Astronômico de Demócrito; um sobre a Meteorologia; um sobre Imagens ou Fantasmas; um sobre Fluidos, Peles e Carnes; um sobre a Descrição do Mundo; um sobre os Homens; um, uma Coleção dos Ditos de Diógenes; três livros de Definições; um tratado sobre o Amor; um livro sobre a Felicidade; dois livros sobre as Espécies; sobre a Epilepsia, um; sobre o Entusiasmo, um; sobre Empédocles, um; dezoito livros sobre Epiquiremas; três livros de Objeções; um livro sobre o Voluntário; dois livros sendo um Resumo da Política de Platão; um sobre a Diferença das Vozes de Animais Semelhantes; um sobre Súbitas Aparições; um sobre Animais que Mordem ou Aferroam; um sobre os Animais que dizem ter Ciúmes; um sobre os que vivem na Terra Seca; um sobre os que Mudam de Cor; um sobre os que vivem em Tocas; sete sobre Animais em Geral; um sobre o Prazer segundo a Definição de Aristóteles; setenta e quatro livros de Proposições; um tratado sobre o Calor e o Frio; um ensaio sobre Tontura e Vertigem e Súbito Obscurecimento da Visão; um sobre Perspiração; um sobre Afirmação e Negação; o Calístenes, ou um ensaio sobre o Luto, um; sobre o Trabalho, um; sobre o Movimento, três; sobre as Pedras, um; sobre as Pestilências, um; sobre os Desmaios,

um; sobre o Filósofo Megárico, um; sobre a Melancolia, um; sobre as Minas, dois; sobre o Mel, um; uma coleção das Doutrinas de Metrodoro, um; dois livros sobre os Filósofos que trataram da Meteorologia; sobre a Embriaguez, um; vinte e quatro livros de Leis, em ordem alfabética; dez livros sendo um Resumo das Leis; um sobre Definições; um sobre Cheiros; um sobre Vinho e Óleo; dezoito livros de Proposições Primárias; três livros sobre Legisladores; seis livros de Dissertações Políticas; um tratado sobre Fatos Políticos, com referência às ocasiões em que se manifestam, quatro livros; quatro livros de Costumes Políticos; sobre a melhor Constituição, um; cinco livros de uma Coleção de Problemas; sobre Provérbios, um; sobre Solidificação e Liquefação, um; sobre o Fogo, dois; sobre os Espíritos, um; sobre a Paralisia, um; sobre a Sufocação, um; sobre a Aberração do Intelecto, um; sobre as Paixões, um; sobre os Signos, um; dois livros de Sofismas; um sobre a Solução dos Silogismos; dois livros de Tópicos; dois sobre Castigo; um sobre Cabelo; um sobre a Tirania; três sobre a Água; um sobre o Sonho e os Sonhos; três sobre a Amizade; dois sobre a Liberalidade; três sobre a Natureza; dezoito sobre Questões de Filosofia Natural; dois livros sendo um Resumo de Filosofia Natural; mais oito livros sobre Filosofia Natural; um tratado destinado aos Filósofos Naturais; dois livros sobre a História dos Vegetais; oito livros sobre as Causas dos Vegetais; cinco sobre Seivas; um sobre Prazeres Equivocados; um, Investigação de uma proposição a respeito da Alma; um sobre Provas Inabilmente Apresentadas; um sobre Dúvidas Simples; um sobre as Harmonias; um sobre a Virtude; um intitulado Oportunidades e Contradições; um sobre a Negação; um sobre a Opinião; um sobre o Ridículo; dois intitulados Soirées; dois livros de Divisões; um sobre Diferenças; um sobre Atos de Injustiça; um sobre a Calúnia; um sobre o Elogio; um sobre a Habilidade; três livros de Epístolas; um sobre Animais Autogerados; um sobre a Seleção; um intitulado Louvor dos Deuses; um sobre os Festivais; um sobre a Boa Sorte; um sobre os Entimemas; um sobre as Invenções; um sobre as Escolas Morais; um livro sobre os Caracteres Morais; um tratado sobre o Tumulto; um sobre a História; um sobre o Julgamento a Respeito dos Silogismos; um sobre a Lisonja; um sobre o Mar; um ensaio dirigido a Cassandro, a Respeito do Poder Real; um sobre a Comédia; um sobre os Meteoros; um sobre o Estilo; um livro intitulado Coleção de Ditados; um livro de Soluções; três livros sobre a Música; um sobre as Medidas de Comprimento; sobre as Leis, um; sobre as Violações da Lei, um; uma coleção de Ditos e Doutrinas de Xenócrates, um; um livro de Conversações; sobre um Juramento, um; um de Preceitos de Oratória; um sobre as Riquezas; um sobre a Poesia; um sendo uma coleção de Problemas Políticos, Éticos, Físicos e Amorosos; um livro de Provérbios; um livro sendo uma Coleção de Problemas Gerais; um sobre Problemas da Filosofia Natural; um sobre o Exemplo; um sobre Proposição e Exposição; um segundo tratado sobre a Poesia; um sobre o Homem Sábio; um sobre o Aconselhamento; um sobre os Solecismos; um sobre a Arte Retórica; uma coleção de sessenta e uma figuras da Arte Oratória; um livro sobre a Hipocrisia; seis livros de um Comentário sobre Aristóteles; dezesseis livros de Opiniões sobre Filosofia Natural; e um livro sendo um Resumo de Opiniões sobre Filosofia Natural; um sobre a Gratidão; um intitulado Caracteres Morais; um sobre a Verdade e a Mentira; seis sobre a História das Coisas Divinas; três sobre os Deuses; quatro sobre a História da Geometria; seis livros sendo um Resumo do trabalho de Aristóteles sobre os Animais; dois livros de Epiquiremas; três livros de Proposições; dois sobre o Poder Real; um sobre as Causas; um sobre Demócrito; um sobre a Calúnia; um sobre a Geração; um sobre o Intelecto e o Caráter Moral dos Animais; dois sobre o Movimento; quatro sobre a Visão; dois sobre Definições; um sobre ser dada em Casamento; um sobre Mais e Menos; um sobre a Música; um sobre a Felicidade Divina; um dirigido aos Filósofos da Academia; um Tratado de Exortação; um discutindo como uma Cidade pode ser mais bem Governada; um intitulado Comentários; um sobre a Cratera do Monte Etna na Sicília; um sobre Fatos Reconhecidos; um sobre Problemas de História Natural; um, Quais São as Diferentes Maneiras de Adquirir Conhecimento; três sobre Contar Mentiras; um livro que é um prefácio aos Tópicos; um dirigido a Ésquilo; seis livros de uma História da Astronomia; um livro da História da Aritmética relacionado aos Números Crescentes; um intitulado Acicharus; um sobre Discursos Judiciais; um sobre a Calúnia; um volume de Cartas a Astíceron, Fânias e Nicanor; um livro sobre a Devoção; um intitulado as Évias; um sobre as Circunstâncias; um volume intitulado Conversas em Família; um sobre a Educação dos Filhos; outro sobre o mesmo assunto, tratado de maneira diferente; um sobre a Educação, também intitulado Tratado sobre a Virtude, ou sobre a Temperança; um livro de Exortações; um sobre os Números; um consistindo

> em Definições referentes ao Enunciado de Silogismos; um sobre o Céu; dois sobre a Política; dois sobre a Natureza, os Frutos e os Animais. E essas obras contêm, no todo, duzentas e trinta e duas mil novecentas e oito linhas. São estes, então, os livros que Teofrasto compôs.[38]

Eu provavelmente pensava nessas listas quando incluí em *O nome da rosa* uma lista ininterrupta de livros guardados na biblioteca da abadia. E o fato de ter mencionado livros reais (na época circulando em coleções monásticas), e não títulos inventados como os que são citados por Rabelais, não altera a impressão de oração, mantra e ladainha que uma lista de livros pode transmitir. O gosto por listas de livros tem fascinado muitos escritores, de Cervantes a Huysmans e Calvino. Os bibliófilos leem os catálogos de antiquários de livros (que certamente pretendem ser listas práticas) como fascinantes descrições do País da Cocanha, um reino do desejo, e daí extraem tanto prazer quanto um leitor de Júlio Verne da exploração das profundezas silenciosas dos oceanos e do encontro com monstros marinhos fabulosos.

Hoje, podemos de fato encontrar uma lista infinita de títulos: a World Wide Web realmente é a Mãe de Todas as Listas, infinita por definição, pois está em constante evolução, ao mesmo tempo rede e labirinto. De todas as vertigens, aquela que nos promete é a mais mística; ela é quase totalmente virtual, e de fato nos oferece um catálogo de informações que nos faz sentir ricos e onipotentes. O único problema é não sabermos quais dos seus elementos remetem a dados do mundo real e quais não. Não há mais qualquer distinção entre verdade e erro.

Ainda seria possível inventar novas listas se, quando peço ao Google que faça uma pesquisa com a palavra "lista", encontro uma lista de quase 2,2 bilhões de sites?

Mas para que uma lista transmita a ideia de infinitude, não pode ser escandalosamente longa. Já me sinto tonto ao passar os olhos pelos títulos de apenas alguns dos livros que menciono em *O nome da rosa*: *De pentagono Salomonis*; *Ars loquendi et intelligendi in lingua hebraica*; *De rebus mettalicis*, de Roger de Hereford; *Algebra*, de Al-Kuwarizmi; *Punicas*, de Silius Italicus; *Gesta francorum*; *De laudibus sanctae crucis*, de Rabán Mauro; *Giordani de aetate mundi et hominis reservatis singulis litteris per singulis libros ab*

A usque ad Z; Quinti Sereni de medicamentis; Phaenomena; Liber Aesopi de natura animalium; Liber Aethici peronymi de cosmografia; Libri tres quos Arculphus episcopus Adammano escipiente de locis sanctis ultramarinis designavit conscribendos; Libellus Q. Iulli Hilarionis de origine mundi; Solini Polyshistor de situ orbis terrarum et mirabilibus; Almagesthus...

Ou a lista de romances sobre Fantômas: *Fantômas; Juve contre Fantômas; Le Mort qui tue; L'Agent secret; Un Roi prisonier de Fantômas; Le Policier apache; Le Pendu de Londres; La Fille de Fantômas; Le Fiacre de nuit; La Main coupée; L'Arrestation de Fantômas; Le Magistrat combrioleur; La Vivrée du crime; La Mort de Juve; L'Evadée de Saint-Lazare; La Disparition de Fandor; Les Soulier du mort; Le Marriage de Fantômas; L'Assassin de Lady Beltham; La Guêpe rouge; Le train perdu; Les amours d'un prince; Le bouquet tragique; Le Jockey masqué; Le Voleur d'or; Le Cadavre géant; Le Faiseur de reines; Le Cercueil vide; Le Série rouge; L'Hôtel du crime; La Cravate de chanvre; La Fin de Fantômas.*

Ou o catálogo (parcial) de histórias de Sherlock Holmes: "Um caso de identidade", "Um escândalo na Boêmia", "A liga dos cabeças-vermelhas", "Os três estudantes", "O mistério do vale de Boscombe", "As cinco sementes de laranja", "O homem do lábio torcido", "O carbúnculo azul", "A faixa malhada", "O polegar do engenheiro", "O solteirão nobre", "A sinistra casa das Faias Acobreadas", "O Estrela de Prata", "A aventura do soldado lívido", "O homem que andava de rastros", "A aventura de um cliente ilustre", "A juba do leão", "A pedra Mazarino", "O negro aposentado", "A aventura do vampiro de Sussex", "A aventura dos três empenas", "Os três Garridebs", "A inquilina de rosto coberto", "A coroa de berilos", "A caixa de papelão", "O detetive moribundo", "A casa vazia", "O problema final", "A tragédia do *Gloria Scott*", "O intérprete grego", "O cão dos Baskervilles", "O ritual Musgrave", "Um estudo em vermelho", "O tratado naval", "O construtor de Norwood", "O problema da ponte de Thor", "O círculo vermelho", "O enigma de Reigate", "O paciente internado", "A segunda mancha", "O signo dos quatro", "Os seis bustos de Napoleão", "A ciclista solitária", "O escriturário da corretagem", "O vale do terror"... Amém.

Listas: um prazer de ler e escrever. Estas são as confissões de um jovem escritor.

Notas

1. Escrevendo da esquerda para a direita

1. Alguns desistem de escrever versos logo depois dos 18 anos, como Rimbaud.
2. No fim da década de 1950 e no início da de 1960, escrevi várias paródias e outras obras em prosa — hoje reunidas no volume *Misreadings* (Nova York: Harcourt, 1993). Mas as considerava meros *divertissements*.
3. Ver Umberto Eco, "Come scrivo". In: Maria Teresa Serafini (Org.), *Come si scrive un romanzo*. Milão: Bompiani, 1996.
4. Linda Hutcheon, "Eco's echoes: Ironizing the (Post) Modern". In: Norma Bouchard e Veronica Pravadelli (Orgs.), *Umberto Eco's Alternative*. Nova York: Peter Lang, 1998; Linda Hutcheon, *A Poetics of Postmodernism*. Londres: Routledge, 1988; Brian McHale, *Constructing Post-modernism*. Londres: Routledge, 1992; Remo Ceserani, "Eco's (Post)modernist Fictions". In: Bouchard e Pravadelli, *Umberto Eco's Alternative*.
5. Charles A. Jencks, *The Language of Post-Modern Architecture*. Wisbech, Reino Unido: Balding and Mansell, 1978. p. 6.
6. Charles A. Jencks, *What Is Post-Modernism?*. Londres: Art and Design, 1986. pp. 14-15. Ver também Charles A. Jencks (Org.), *The Post-Modern Reader*. Nova York: St. Martin's, 1992.

2. O autor, o texto e os intérpretes

Uma versão do capítulo 2 foi pronunciada como conferência sob o título "O autor e seus intérpretes" na Italian Academy for Advanced Studies in America, Columbia University, 1996.

1. Umberto Eco, *The Open Work*. Cambridge, Mass.: Harvard University Press, 1989.
2. Ver Jacques Derrida, "Signature Event Context" (1971), *Glyph*, 1, 1977. pp. 172-197. Reproduzido in: Derrida, *Limited Inc.*. Trad. de Samuel Weber e Jeffrey Mehlman. Evanston, Ill.: Northwestern University Press, 1988; e John Searle, "Reiterating the Differences: A Reply to Derrida", *Glyph*, 1. 1977. pp. 198-208. Reproduzido in: Searle, *The Construction of Social Reality*. Nova York: Free Press, 1995.
3. Ver Philip L. Graham, "Late Historical Events", *A Wake Newslitter*. Out. 1964, pp. 13-14; Nathan Halper, "Notes on Late Historical Events", *A Wake Newslitter*. Out. 1965, pp. 15-16.
4. Ruth von Phul, "Late Historical Events", *A Wake Newslitter* (dezembro de 1965): 14-15.
5. Cabe notar, contudo, que em termos de quantidade silábica o *o* de "Roma" é longo, de modo que o dáctilo inicial do hexâmetro não funcionaria. "Rosa", portanto, é a leitura correta.
6. Helena Costiucovich, "Umberto Eco: Imja Rosi", *Sovriemiennaja hudoziestviennaja litieratura za rubiezom*, 5 (1982): 101ss.
7. Robert F. Fleissner, *A Rose by Another Name: A Survey of Literary Flora from Shakespeare to Eco*. West Cornwall, Reino Unido: Locust Hill Press, 1989. p. 139.
8. Giosue Musca, "La camicia del nesso". *Quaderni Medievali*, 27, 1989.
9. A. R. Luria, *The Man with a Shattered World: The History of a Brain Wound*. Cambridge, Mass.: Harvard University Press, 1987.

3. Algumas observações sobre os personagens fictícios

1. Umberto Eco, *O pêndulo de Foucault*. Trad. de Ivo Barroso. Rio de Janeiro: Record, 2016, p. 362.
2. Por sinal, existiu de fato um Faria, e Dumas inspirou-se nesse curioso padre português. Mas o verdadeiro Faria estava interessado no mesmerismo e muito pouco tinha a ver com o mentor de Monte Cristo. Dumas costumava tomar alguns de seus personagens de empréstimo à história (como no caso de D'Artagnan), mas não esperava que seus leitores estivessem preocupados com os atributos desses personagens na vida real.
3. Anos atrás, visitei a fortaleza e vi não só o que se dizia ser a cela de Monte Cristo como o túnel supostamente cavado pelo abade Faria.
4. Alexandre Dumas, *Viva Garibaldi! Une odyssée en 1860*. Paris: Fayard, 2002, cap. 4.

5. Um bom e sensível amigo meu costumava dizer: "Toda vez que vejo uma bandeira tremulando num filme, eu choro — independentemente da nacionalidade." Seja como for, o fato de os seres humanos ficarem comovidos com personagens fictícios deu origem a uma ampla literatura, tanto na psicologia quanto na narratologia. Para um apanhado abrangente, ver Margit Sutrop, "Sympathy, Imagination, and the Reader's Emotional Response to Fiction". In: Jürgen Schlaeger e Gesa Stedman (Orgs.), *Representations of Emotions*. Tübingen: Günter Narr Verlag, 1999. pp. 29-42. Ver também Margit Sutrop, *Fiction and Imagination*. Paderborn: Mentis Verlag, 2000, 5.2; Colin Radford, "How Can We Be Moved by the Fate of Anna Karenina?", *Proceedings of the Aristotelian Society*, 69, supl. (1975): 77; Francis Farrugia, "Syndrome narratif et archétypes romanesques de la sentimentalité: Don Quichotte, Madame Bovary, un discours du pape, et autres histoires". In: Farrugia et al., *Emotions et sentiments: Une construction sociale*. Paris: L'Harmattan, 2008.
6. Ver Gregory Currie, *Image and Mind*. Cambridge: Cambridge University Press, 1995. A catarse, tal como definida por Aristóteles, é uma espécie de ilusão emocional: depende da nossa identificação com os heróis do drama trágico, de tal maneira que sintamos piedade e terror ao testemunhar o que lhes acontece.
7. Para uma análise cuidadosa e completa do ponto de vista ontológico, ver Carola Barbero, *Madame Bovary: Something Like a Melody*. Milão: Albo Versorio, 2005. Barbero esclarece muito bem a diferença entre a abordagem ontológica e a cognitiva: "A Teoria do Objeto não está interessada em saber como apreendemos cognitivamente objetos que não existem. Na verdade, volta-se exclusivamente para objetos em sua generalidade absoluta, independentemente de sua possível determinação" (p. 65).
8. Ver John Searle, "The Logical Status of Fictional Discourse", *New Literary History*, v. 6, n. 2 (inverno de 1975), pp. 319-332.
9. Jaakko Hintikka, "Exploring Possible Worlds". In: Sture Allén (Org.), *Possible Worlds in Humanities, Arts and Sciences*. v. 65 de *Proceedings of the Nobel Symposium*. Nova York: De Gruyter, 1989. p. 55.
10. Lubomir Dolezel, "Possible Worlds and Literary Fiction". In: Allén, *Possible Worlds*, p. 233.
11. A título de exemplo, o presidente George W. Bush disse numa entrevista coletiva no dia 24 de setembro de 2001 que "as relações de fronteira entre o Canadá e o México nunca foram melhores". Ver <usinfo.org/wf-archive/2001/010924/epf109.htm>.

12. Citado in Samuel Delany, "Generic Protocols". In: Teresa de Lauretis (Org.), *The Technological Imagination*. Madison, Wis.: Coda Press, 1980.
13. Sobre o fato de um possível mundo narrativo ser considerado "pequeno" e "parasitário", ver Umberto Eco, *Os limites da interpretação*. São Paulo: Perspectiva, 2012, capítulo intitulado "Mundos pequenos".
14. Como eu disse em *Seis passeios pelos bosques da ficção* (São Paulo: Companhia das Letras, 1994), cap. 5, os leitores mostram-se mais ou menos ansiosos por aceitar certas violações nas condições do mundo real, em função do seu grau de informação enciclopédica. Em *Os três mosqueteiros*, que se passa na década de 1600, Alexandre Dumas deu a seu personagem Aramis um endereço residencial na rue Servandoni — o que seria impossível, pois o arquiteto Giovanni Servandoni, com cujo nome a rua foi batizada, viveu um século depois. Mas os leitores podiam aceitar essa informação sem ficar desconcertados, pois muito poucos deles sabiam da existência de Servandoni. Em contraste, se Dumas tivesse dito que Aramis morava na rue Bonaparte, os leitores estariam no direito de se sentir desconfortáveis.
15. Ver, por exemplo, Roman Ingarden, *Das literarische Kunstwerk*. Halle: Niemayer Verlag, 1931; em inglês, *The Literary Work of Art*. Trad. de George G. Grabowicz. Evanston, Ill.: Northwestern University Press, 1973.
16. Stendhal, *The Red and the Black*. Trad. de Horace B. Samuel. Londres: Kegan Paul, 1916. p. 464.
17. Sobre essas duas balas, ver Jacques Geninasca, *La Parole littéraire*. Paris: PUF, 1997. V. II, p. 3.
18. Ver, por exemplo, Umberto Eco, *Kant e o ornitorrinco*. Trad. de Ana Thereza B. Vieira. Rio de Janeiro: Record, 1998, especialmente a seção 1.9.
19. Mas se Anna é um artefato, sua natureza é diferente da natureza dos outros artefatos, como cadeiras ou navios. Ver Amie L. Thomasson, "Fictional Characters and Literary Practices", *British Journal of Aesthetics*, p. 43, n. 2, abr. 2002, pp. 138-157. Os artefatos fictícios não são entidades físicas e carecem de uma localização espaço-temporal.
20. Ver, por exemplo, Umberto Eco, *Semiótica e filosofia da linguagem*. São Paulo: Instituto Piaget, 2002, seção 2.3.3; e idem, *Os limites da interpretação*. São Paulo: Perspectiva, 2012.
21. Philippe Doumenc, *Contre-enquête sur la mort d'Emma Bovary*. Paris: Actes Sud, 2007.
22. Ver Eco, *Six Walks in the Fictional Woods*, p. 126.

23. Ver, por exemplo, Aislinn Simpson, "Winston Churchill Didn't Really Exist", *Telegraph*, 4 fev. 2008.
24. Para uma história da ideia de objetos sociais, de Giambattista Vico e Thomas Reid a John Searle, ver Maurizio Ferraris, "Scienze sociali". In: Ferraris (Org.), *Storia dell'ontologia*. Milan: Bompiani, 2008, pp. 475-490.
25. Ver, por exemplo, John Searle, "Proper Names". *Mind*, 67, 1958, p. 172.
26. Ver Roman Ingarden, *Time and Modes of Being*. Trad. de Helen R. Michejda. Springfield, Ill.: Charles C. Thomas, 1964; e idem, *The Literary Work of Art*. Para uma crítica da posição de Ingarden, ver Amie L. Thomasson, "Ingarden and the Ontology of Cultural Objects". In: Arkadiusz Chrudzimski (Org.), *Existence, Culture, and Persons: The Ontology of Roman Ingarden*. Frankfurt: Ontos Verlag, 2005.
27. Barbero, *Madame Bovary*, pp. 45-61.
28. Woody Allen, "The Kugelmass Episode". In: Allen, *Side Effects*. Nova York: Random House, 1980.
29. Sobre estes problemas, ver Patrizia Violi, *Meaning and Experience*. Trad. de Jeremy Carden. Bloomington: Indiana University Press, 2001, IIB e III. Ver também Eco, *Kant and the Platypus*. p. 199, 3.7.
30. Peter Strawson, "On Referring". *Mind*, p. 59 (1950).
31. Naturalmente, as enciclopédias precisam ser constantemente atualizadas. No dia 4 de maio de 1821, a enciclopédia pública teve de registrar Napoleão como um ex-imperador ainda vivendo no exílio na ilha de Santa Helena.
32. Em casos de difícil verificação *de visu* (por exemplo, se *p* afirmar que Obama visitou Bagdá ontem), recorremos a "próteses" (como jornais ou programas de TV) que supostamente deveriam permitir-nos verificar o que realmente aconteceu *neste mundo*, ainda que o acontecimento estivesse além do nosso alcance perceptivo.
33. Poderíamos sentir-nos tentados a sustentar que as entidades matemáticas são igualmente imunes a revisões. Mas até o conceito de linhas paralelas mudou com o advento das geometrias não euclidianas, e nossas ideias sobre o Teorema de Fermat mudaram depois de 1994, graças ao trabalho do matemático britânico Andrew Wiles.
34. Para sermos rigorosos, deveríamos dizer que a expressão "Jesus Cristo" refere-se a dois objetos diferentes, e que, quando alguém diz esse nome, deveríamos — para conferir significado à fala — determinar que tipo de crenças religiosas (ou não religiosas) são esposadas por aquele que fala.

35. Sobre estas questões, ver Umberto Eco, *The Role of the Reader*. Bloomington: Indiana University Press, 1979.

4. Minhas listas

1. Ver Umberto Eco, *A vertigem das listas*. Trad. de Eliana Aguiar. Rio de Janeiro: Record, 2010.
2. Sobre a diferença entre listas "pragmáticas" e "literárias", ver Robert E. Belknap, *The List*. New Haven: Yale University Press, Yale, 2004. Uma valiosa antologia de listas literárias também pode ser encontrada em Francis Spufford, ed., *The Chatto Book of Cabbages and Kings: Lists in Literature*. Londres: Chatto and Windus, 1989. Belknap considera que as listas "pragmáticas" podem ser infinitamente ampliadas (um catálogo telefônico, digamos, pode aumentar a cada ano, e podemos estender a lista de compras a caminho do mercado), ao passo que as listas por ele chamadas "literárias" na verdade são fechadas, em virtude dos parâmetros formais da obra que as contém (métrica, rima, forma soneto e assim por diante). A mim parece que este argumento pode facilmente ser posto de ponta-cabeça. Na medida em que designam uma série finita de coisas *em dado momento*, as listas práticas são necessariamente finitas. Certamente podem ser ampliadas, como no caso de um catálogo telefônico, mas o catálogo de 2008, em comparação com o de 2007, é simplesmente *outra* lista. Em contraste, não obstante as limitações envolvidas nas técnicas artísticas, todas as listas poéticas que posteriormente citarei poderiam ser expandidas *ad infinitum*.
3. Enódio, *Carmina*, Livro 9, seção 323c. In: *Patrologia Latina*, J.-P. Migne (Org.). Paris, 1847, v. 63.
4. Cícero, "First Oration against Lucius Catilina". In: *The Orations of Marcus Tullius Cicero*. Trad. de C. D. Yonge, Londres: G. Bell and Sons, 1917, v. 2, pp. 279-280 (seção 1).
5. Ibid., p. 282 (seção 3).
6. De Wislawa Szymborska, *Nothing Twice*. Trad. de Stanislaw Baranczak e Clare Cavanagh. Cracóvia: Wydawnictwo Literackie, 1997.
7. Infelizmente, o assíndeto se perde na primeira tradução inglesa, de William Stewart Rose (século XVIII), que ficou assim: "*Of loves and ladies, knights and arms, I sing,/ of courtesies, and many a daring feat*".
8. Italo Calvino, *The Nonexistent Knight*. Trad. de Archibald Colquhoun. Nova York: Harcourt, 1962.

9. François Rabelais, *Gargântua e Pantagruel*. Trad. de David Jardim Júnior. Belo Horizonte: Villa Rica, 1991, Livro Primeiro, cap. 22, "Os jogos de Gargântua".
10. James Joyce, *Ulisses*. Trad. de Antônio Houaiss, 10. ed. Rio de Janeiro: Civilização Brasileira, 1998, pp. 872-73 (Livro III).
11. Umberto Eco, *Misreadings*. Trad. de William Weaver. Nova York: Harcourt, 1993.
12. Umberto Eco, *O nome da rosa*. Trad. de Aurora Fornoni Bernardini e Homero Freitas de Andrade. Rio de Janeiro: Record, 2013, pp. 221-224.
13. Posso ter-me equivocado neste caso. Embora as datas sejam incertas, é possível que a primeira lista seja toda a *Teogonia* de Hesíodo.
14. Ver Giuseppe Ledda, "Elenchi impossibili: Cataloghi e topos dell'indicibilità", inédito; e idem, *La Guerra della lingua: Ineffabilità, retorica e narrativa nella Commedia di Dante*. Ravenna: Longo, 2002.
15. Dante, *Paradise*. Trad. de Henry Francis Cary. Londres: Barfield, 1814, Canto 28, linhas 91–92.
16. Umberto Eco, *A ilha do dia anterior*. Trad. de Marco Lucchesi. Rio de Janeiro: Record, 2016, pp. 394-97 (cap. 32). O leitor experiente verá na frase final não só um caso de hipotipose como de écfrase: descreve uma típica cabeça pintada por Arcimboldo.
17. Walt Whitman, "Canção do martelo", *Folhas de relva: Edição do leito de morte*. Trad. de Bruno Gambarotto. São Paulo: Hedra, 2011. Ver em especial o capítulo sobre Whitman in Robert E. Belknap, *The List*. New Haven: Yale University Press, 2004.
18. James Joyce, "Anna Livia Plurabelle". Trad. de James Joyce e Nino Frank (1938). Reproduzido in: Joyce, *Scritti italiani*. Milão: Mondadori, 1979.
19. James Joyce, "Anna Livia Plurabelle". Trad. de Samuel Beckett, Alfred Perron, Philippe Soupault, Paul Léon, Eugène Jolas, Ivan Goll e Adrienne Monnier, com a colaboração de Joyce, *Nouvelle Revue Française*, 1º de maio de 1931.
20. Minha colagem baseia-se na tradução de Andrew Hurley, in *Collected Fictions of Jorge Luis Borges*. Nova York: Viking, 1998.
21. Umberto Eco, *Baudolino*. Trad. de Marco Lucchesi. Rio de Janeiro: Record, 2016, pp. 356-59 (cap. 31).
22. Umberto Eco, *O pêndulo de Foucault*. Trad. de Ivo Barroso. Rio de Janeiro: Record, 2016, p. 20 (cap. 1), pp. 601-605 (cap. 112).
23. Não abordaremos aqui o milenar problema da *diferença específica*, pelo qual os seres humanos distinguem-se como animais racionais, em contraste com os

demais, animais irracionais. Sobre isto, ver Umberto Eco, *Semiótica e filosofia da linguagem*. São Paulo: Ática, 1991. Sobre o ornitorrinco, ver idem, *Kant e o ornitorrinco*. Rio de Janeiro: Record, 1998.

24. Naturalmente, uma lista por propriedades também pode ter o objetivo de um sentido de avaliação. Um exemplo poderia ser o elogio de Tiro em Ezequiel 27, ou o panegírico à Inglaterra ("essa ilha com seu cetro...") no Ato 2 de *Ricardo II*, de Shakespeare. Outra lista de avaliação por propriedades é o *tópos* das *laudatio puellae* — a representação das mulheres belas —, dos quais o mais nobre exemplo é o Cântico dos Cânticos. Mas também o encontramos em autores modernos como Rubén Darío, em seu "Canto a la Argentina", verdadeira explosão de listas encomiásticas ao estilo de Whitman. Da mesma forma, encontramos as *vituperatio puellae* (ou *vituperatio dominae*) — descrição das mulheres feias —, como em Horácio ou Clément Marot. Há também descrições de homens feios, como na famosa tirada de Cyrano sobre o próprio nariz, no *Cyrano de Bergerac* de Edmond Rostand.
25. Ver Umberto Eco, *A busca da língua perfeita*. São Paulo: Edusc, 2001.
26. Sigo a tradução de Alastair McEwen in Eco, *The Infinity of Lists*.
27. Ver Leo Spitzer, *La Enumeración caotica en la poesia moderna*. Buenos Aires: Faculdad de Filosofía y Letras, 1945.
28. Eco, *Baudolino*, cap. 28. Trad. de Marco Lucchesi.
29. Louis-Ferdinand Céline, *Bagatelles pour un massacre*. Trad. de Alastair McEwan. Os herdeiros de Céline proibiram qualquer tradução dessa obra furiosamente antissemita. Uma versão pode ser encontrada em <vho.org/aaargh/fran/livres6/CELINEtrif.pdf> (acessado em 20 de agosto de 2010). Alastair McEwan, o tradutor para o inglês do meu livro *The Infinity of Lists* [*A vertigem das listas*], preferiu tentar uma versão completamente nova. Talvez seja interessante citar o original (que, curiosamente, lembra muito as furiosas explosões do Capitão Haddock em *Tintin*): "Dine! Paradine! Crèvent! Boursouflent! Ventre dieu! [...] 487 millions! D'empalafiés cosacologues! Quid? Quid? Quod? Dans tous les chancres de Slavie! Quid? De Baltique slavigote en Blanche Altramer noire? Quam? Balkans! Visqueux! Ratagan! De concombres! [...] Mornes! Roteux! De ratamerde! Je m'en pourfentre! [...] Je m'en pourfoutre! Gigantement! Je m'envole! Coloquinte! [...] Barbatoliers? Immensément! Volgaronoff! [...] Mongomoleux Tartaro- nesques! [...] Stakhanoviciants! [...] Culodovitch! [...] Quatre cent mille verstes myriamètres! [...] De steppes de condachiures, de peaux de Zébis-Laridon! [...] Poultre! Je m'en gratte tous les Vésuves! [...]

Déluges! [...] Fongueux de margachiante! [...] Pour vos tout sales pots fiottés d'entzarinavés! Stabiline! Vorokchiots! Surplus Déconfits! [...] Transbérie!" [Para o português, a tradução do trecho é de Marcelo Pen. Umberto Eco, *Confissões de um jovem romancista*. São Paulo: Cosac Naify, 2013. (*N. do E.*)]

30. Ver Detlev W. Schumann, "Enumerative Style and Its Significance in Whitman, Rilke, Werfel", *Modern Language Quarterly*, 3, n. 2, jun. 1942, pp. 171-204.
31. Spitzer, *La Enumeración caotica en la poesia moderna*.
32. Arthur Rimbaud, "Infância III". In: *Uma temporada no inferno e Iluminações*. Trad. de Lêdo Ivo. Rio de Janeiro: Civilização Brasileira, 1957.
33. Italo Calvino, "Il cielo di pietra". In: *Tutte le cosmicomiche*. Milão: Mondadori, 1997, p. 314; em inglês, *The Complete Cosmicomics*. Trad. de Martin McLaughlin, Tim Parks e William Weaver. Nova York: Penguin, 2009.
34. Jorge Luis Borges, "John Wilkins' Analytical Language". In: Borges, *Selected Nonfictions*. Eliot Weinberger (Org.). Trad. de Esther Allen et al. Nova York: Viking Penguin, 1999. Michel Foucault, *Les Mots et les choses*. Paris: Gallimard, 1966; em inglês, *The Order of Things*. Nova York: Pantheon, 1970, prefácio.
35. Umberto Eco, *The Mysterious Flame of Queen Loana*. Trad. de Geoffrey Brock. Nova York: Harcourt, 2005, cap. 1. Fico um pouco sem jeito de citar esse texto como se fosse meu. No texto italiano original, fui juntando citações literárias facilmente reconhecíveis pelo leitor italiano médio, e o tradutor teve de "recriar" a compilação escolhendo citações que fossem reconhecidas pelos leitores de língua inglesa. Trata-se de um dos casos em que o tradutor deve evitar uma tradução literal de modo a produzir o *mesmo efeito* em outra língua. De qualquer maneira, o texto de Brock, apesar de diferente do original, dá uma ideia da minha colagem caótica. [Ed. bras.: *A misteriosa chama da rainha Loana*. Trad. de Eliana Aguiar. Rio de Janeiro: Record, 2005.]
36. *Ibid.*, cap. 8.
37. François Rabelais, *Gargântua e Pantagruel*. Trad. de David Jardim Júnior. Belo Horizonte: Villa Rica, 1991, Livro Segundo, cap. VII.
38. Diógenes Laércio, *The Lives and Opinions of Eminent Philosophers*. Trad. de C. D. Yonge. Londres: Bohn, 1853, Livro 5, "Life of Theophrastus", pp. 42-50.

Índice

C

D

E

F

M

N

O

P

Q

R

S

T

Este livro foi composto na tipografia Minion
Pro, em corpo 11/16, e impresso em
papel off-white no Sistema Cameron da
Divisão Gráfica da Distribuidora Record.